SECRETS OF A HEALER: REIKI-MEISTER- HANDBUCH

VOL. XI

Dr. Constance Santego

Maximillian Enterprises
Kelowna, BC

Lektorat und Innengestaltung: Constance Santego
Buchsatz: °2017 BookDesignTemplates.com
Coverdesign: Jennifer Louie

Bestellinformationen:
Mengenbestellungen. Für Sammelbestellungen durch Unternehmen, Verbände oder andere Organisationen stehen spezielle Rabatte zur Verfügung. Für weitere Informationen kontaktieren Sie bitte die untenstehende Adresse.

Taschenbuch ISBN: 978-1-997907-18-3
E-Book ISBN: 978-1-997907-19-0
Hergestellt und veröffentlicht in Kanada. Gedruckt und gebunden in den Vereinigten Staaten von Amerika.

Erste Auflage
Veröffentlicht von **Maximillian Enterprises**
Kelowna, BC, Kanada
www.constancesantego.ca

Widmung

An all meine Reiki-Lehrer sowie alle anderen Ausbilder und Praktizierenden, die diese wunderbare Technik der intuitiven, heilenden Berührung ausüben.

"Deine Hände tragen die Kraft
zu heilen."
—Dr. Constance Santego

ALSO BY DR. CONSTANCE SANTEGO

NOVELS
Illegitimate Grace
Ashcroft Hollow

Okanagan Trilogy:
Beneath the Vineyards
Under the Okanagan Sun
Guardian of the Lake

The Nine Spiritual Gifts Series:
Journey of a Soul – (Vol 1 Michael)
Language of a Soul – (Vol 2 Gabriel)
Prophecy of a Soul – (Vol 3 Bath Kol)
Healing of a Soul – (Vol 4 Raphael)
Miracles of a Soul – (Vol 5 Hamied)
Knowledge of a Soul – (Vol 6 Raziel)
Wisdom of a Soul – (Vol 7 Uriel)
Faith of a Soul – (Vol 8 Pistis Sophia)

NONFICTION
The Intuitive Life, The Gift Of Prophecy, Third Edition
Fairy Tales, Dreams And Reality... Where Are You On Your Path? Second Edition
Your Persona... The Mask You Wear
Archangel Michael's Soul Retrieval Guide
Tesla And The Future Of Energy Medicine
Beyond Tesla: Advancing The Science Of Energy Healing
Tesla's Code: Mastering Energy, Frequency, And Creative Power
Beyond The Mind: Harnessing The Power Of Astral Projection For Creative Awakening
Bend, Don't Break: Finding Your Way Back To Abundance
Ring Therapy: A Guide To Healing And Balance
Ring Therapy Pocket Guide
Floraopathy": The Art And Science Of Vibrational Healing With Essential Oils
Dear Older Me: A Memoir... Of Sorts
It's Just Like Poker: A Spiritual Guide To Playing The

Cards Life Deals You
Signs And Meanings: What The Feet Reveal About Health, Stress, And The Body's Story
Auricions: Unlocking Subconscious Healing Through Quantum Medicine
Quick Fix Acupressure Method
Manifestation – The DREAM Method in 5 Steps
Confidence - *Mastering the Dream Method*
The New Paradigm: *Conscious Healing In The Age Of Ai*
Shadow & Light: *A Guide to Healing the Hidden Self*
The Medicine of Sound: *Healing, Frequency & Human Transformation*
Prescription For Energetic Healing

REIKI WISDOM, SERIES:
Angelic Lifestyle, a Vibrant Lifestyle
Angelic Lifestyle 42-Day Energy Cleanse
Reiki and the Power of The Joint Points: Unlocking Energy Pathways for Healing (Vol I)
Reiki and Karmic Healing: Releasing Patterns From Past Lives (Vol II)
Reiki and the Five Elements (Vol III)
Secrets of a Healer, Magic Of Reiki
The Reiki Master's Manual *(In English, German, Spanish, French, Portuguese, Russian, Hindi, and Mandarin Chinese)*
Reiki and Shadow Work: *Healing the Dark Side of the Soul*

CHAKRA SERIES:
Heart Chakra 101: The Bridge
Root Chakra 101: Building Safety, Survival, Foundation
Sacral Chakra 101: Creativity, Pleasure, Emotions
Solar Plexus Chakra 101: Power, Confidence, Will
Throat Chakra 101: Truth, Voice, Self-Expression
Third Eye Chakra 101: Intuition, Vision, Insight
Crown Chakra 101: Spiritual Connection, Transcendence.

SECRETS OF A HEALER, SERIES:
Magic Of Aromatherapy (Vol I)
Magic Of Reflexology (Vol II)
Magic Of The Gifts (Vol III)
Magic Of Muscle Testing (Vol IV)
Magic Of Iridology (Vol V)
Magic Of Massage (Vol VI)

Magic Of Hypnotherapy (Vol VII)
Magic Of Reiki (Vol VIII)
Magic Of Advanced Aromatherapy (Vol IX)
Magic Of Esthetics (Vol X)
The Reiki Master's Manual (Vol XI)

ADULT COLORING JOURNALS
SERIES-ZEN COLORING:
Quantum Energy and Mindful Living Journal (Vol 1)
Reiki Energy Journal (Vol 2)
Nine Spiritual Gifts Journal (Vol 3)
I Forgive Journal (Vol 4)

FOR CHILDREN
I am Big Tonight. I Don't Need the Light
The Magic Elf Book: 25 Days of Surprises

COOKBOOK
My Favorite Recipes, with a Hint of Giggle

BUISNESS
How To Use ChatGPT For Authors: From Idea To Published Book
Scaling Beyond 6 Figures: Strategies For Health & Wellness Professionals
The Academypreneur's Playbook: Turn Knowledge Into A
Revenue-Generating School

HUMOR/GIFT BOOK
How Do You Like Your Eggs? **Crack Into Your Personality, Yolk and All**

Contents

Vorwort

Das Wunder von Reiki

Im Jahr 1999 war Reiki eine der ersten Methoden, die an meiner neuen Schule unterrichtet wurden. Bevor meine Reiki-Meisterin Nefertiti kam und die Kurse der Stufen I und II anbot, hatte ich keine Ahnung, was Reiki überhaupt war. Dieses erstaunliche Wochenendseminar veränderte mein Leben tiefgreifend.

Zu dieser Zeit wurden Praktiken wie Reiki oft als „Hokus-Pokus" oder „esoterischer Unsinn" abgetan. Viele Menschen glaubten sogar, Reiki sei „Werk des Teufels", einfach weil sie seine Wirkung nicht verstehen oder wahrnehmen konnten. Es ist bemerkenswert, wie schnell die Gesellschaft etwas als böse abstempelt, nur weil es unbekannt ist. Ein Beispiel dafür ist Marihuana – einst als gefährlich angesehen, heute für seine medizinischen Eigenschaften anerkannt, besonders zur Schmerzlinderung bei Krebspatienten.

Ich bin unglaublich froh und dankbar, dass sich die gesellschaftliche Sichtweise auf Reiki verändert hat. Es ist wunderbar zu sehen, wie es heute akzeptiert und wertgeschätzt wird – insbesondere jetzt, da Reiki sogar in Krebszentren angeboten wird.

Hinweis an die Leserinnen und Leser

Reiki ist nicht dazu bestimmt, traditionelle medizinische Verfahren zu ersetzen. Personen mit körperlichen, geistigen, emotionalen oder spirituellen Problemen sollten die Dienste eines professionellen Psychologen oder Arztes in Anspruch nehmen.

Ihr Arzt spielt weiterhin eine wesentliche Rolle in Ihrer Gesundheitsversorgung. Wenn Sie sich zum Beispiel ein Bein brechen, benötigen Sie selbstverständlich einen Arzt sowie alle Pflegekräfte und das gesamte Personal im Krankenhaus.

Die Integrative Medizin betont die bedeutende Rolle, die **wir selbst** in der Pflege unserer Gesundheit spielen. Was wir unserem Körper zuführen, wie stark wir ihn beanspruchen, welchen Stress wir in unserem Alltag zulassen und welche positive oder negative Energie wir in unserem Umfeld anziehen – all dies wirkt sich auf unser Wohlbefinden aus.

Reiki ist eine hervorragende Methode zur Entspannung, Stressreduzierung, Klärung des Geistes, Förderung der Selbstwahrnehmung, Stärkung des Selbstbewusstseins und möglicherweise sogar ein Wunder. Dennoch liegt die Verantwortung für Ihre Gesundheit **immer** bei Ihnen selbst, und Reiki allein kann Sie nicht heilen. Nur Sie können das tun.

Ein rechtlich gültiges Reiki-Level-2-Zertifikat (unterzeichnet von Ihrem Reiki-Meister) ist erforderlich, wenn Sie anderen Reiki-Behandlungen **gegen Entgelt** anbieten möchten.

Ein Reiki-Level-3-Zertifikat ist erforderlich, wenn Sie Reiki **gegen Entgelt behandeln UND unterrichten** möchten.

Lernziele

Dieses Buch ist ein umfassendes Reiki-Meister-Handbuch und bietet detaillierte Informationen zu allen drei Reiki-Stufen: I, II und III. Es wurde entwickelt, um sowohl neue als auch erfahrene Praktizierende durch die wesentlichen Bestandteile der Reiki-Ausbildung und -Praxis zu führen.

Am Ende dieses Handbuchs werden die Leser ein fundiertes Verständnis der folgenden Themen haben:

Level 1 – Shoden / Lehrling:

◇ Einführung in Reiki, seine Geschichte und seine Prinzipien.
◇ Grundlegende Handpositionen zur Selbstheilung und zur Heilung anderer.
◇ Techniken zum Reinigen und Ausbalancieren der Chakren.

Level 2 – Okuden / Praktizierender:

◇ Erweiterte Heiltechniken, einschließlich mentaler und emotionaler Heilung.
◇ Einführung und Anwendung der Reiki-Symbole wie *Cho Ku Rei, Sei He Ki* und *Hon Sha Ze Sho Nen*.
◇ Methoden für Fernheilung und das Senden von Reiki über Zeit und Raum hinweg.

Level 3 – Shinpiden / Meister:

⋄ Meisterstufen-Lehren, einschließlich der Anwendung des *Dai Ko Myo*-Symbols.
⋄ Anleitungen zur Durchführung von Einweihungen und zum Unterrichten von Reiki.
⋄ Erweiterte spirituelle Praktiken zur persönlichen Entwicklung und Verbindung mit höherem Bewusstsein.

Symbole:

⋄ Detaillierte Erklärungen und Anwendungen aller in den einzelnen Stufen verwendeten Reiki-Symbole.
⋄ Schritt-für-Schritt-Anleitungen zum Zeichnen und Anwenden der Symbole während einer Behandlung.

Handauflege-Techniken:

⋄ Praktische Techniken zur Durchführung von Reiki-Behandlungen durch Handauflegen.
⋄ Richtlinien zur Harmonisierung und Ausbalancierung der Chakren durch Berührung.
⋄ Methoden zur Erdung und zum Schutz von sich selbst und anderen während der Heilung.

Dieses Handbuch soll eine vollständige Ressource für Reiki-Praktizierende sein und alle notwendigen Werkzeuge und Kenntnisse bereitstellen, um ein sicherer und kompetenter Reiki-Meister zu werden.

Ganz gleich, ob Sie Ihre Reise mit Level 1 beginnen oder zur Meisterstufe aufsteigen – dieses Buch wird Sie in Ihrem Wachstum und Ihrer Entwicklung in der Praxis von Reiki unterstützen.

REIKI LEVEL I
DER LEHRLING

霊気 Reiki Level 1
Apprentice

Grand Reiki Master
Constance Santego

Level 1: Shoden

Shoden, was „Erste Lehre" oder „Erste Übertragung" bedeutet, ist die einführende Stufe der Reiki-Ausbildung. Sie konzentriert sich auf die Grundlagen von Reiki – einschließlich seiner Geschichte, seiner Prinzipien und der grundlegenden Techniken.

Reiki Level 1 – Unterrichtsplan

3-stündiger Präsenzkurs

1. Teil des Unterrichts

Gehen Sie folgende Seiten durch:

- Dr. Usui
- Die drei Ebenen des Reiki
  - Körperlich
  - Mental / Emotional
  - Spirituell
- Was ist Reiki
- Ursprung: Wie Dr. Usui das Wissen erlangte
- Die vier Wunder
- „Nur für heute"
- Reiki-Linie (meine und deine Linie vorstellen)

Zusätzlich:

- Wie Energie wirkt *(in „Secrets of a Healer – Magic of Reiki" enthalten)*
- Chakren *(in „Secrets of a Healer – Magic of Reiki" enthalten)*

15-minütige Pause

2. Teil des Unterrichts

- Meditation anhören und abonnieren:
  https://youtu.be/dPmM6Zuua5Q
  oder die Meditation „Lehrling/Apprentice" lesen
- Das Symbol der Stufe 1 auf jeden Schüler zeichnen
- Meditation fortsetzen (hier begegnen die Schüler
  „ihrem" Reiki-Meister)
- Jede/r Schüler/in berichtet über seine/ihre
  Erfahrungen

3. Teil des Unterrichts

- Üben aller Handpositionen

Dr. Usui

Reiki stammt ursprünglich aus Tibet und wurde im neunzehnten Jahrhundert von einem japanischen Mönch, **Dr. Mikao Usui**, entdeckt, der in eine wohlhabende buddhistische Familie hineingeboren wurde (15. August 1865 – 9. März 1926).

Die Familie Usui war in der Lage, ihrem Sohn eine für die damalige Zeit außergewöhnlich umfassende Ausbildung zu ermöglichen. Als Kind studierte Dr. Usui in einem buddhistischen Kloster, wo er in Kampfkunst, Schwertkunst und der japanischen Form des Chi Kung, bekannt als **Kiko** (Qigong), unterrichtet wurde.

Zusätzlich zu seiner Beherrschung der japanischen Sprache erlernte Dr. Usui auch **Sanskrit, Chinesisch** und weitere Sprachen, damit er alte Schriften im Original lesen konnte – ohne dass etwas in der Übersetzung „verloren" oder „fehlinterpretiert" werden konnte.

Mitte des 19. Jahrhunderts studierte Dr. Mikao Usui alte Sanskrit-Schriften sowie die Heilmethoden Jesu. Er war zutiefst fasziniert davon, die Geheimnisse der Heilung zu entschlüsseln. So begab er sich auf eine Suche, um herauszufinden, wie Buddha und Jesus mit ihren Händen heilten.

In den Sanskrit-Sutras fand er, was er für entscheidend für die körperliche Heilung hielt. Er entdeckte Symbole, Formeln und intellektuelle Abhandlungen – doch **nicht** die Methode oder Technik selbst.

Er suchte den Rat des Abtes des Zen-buddhistischen Klosters, in dem er zu dieser Zeit lebte. Gemeinsam beschlossen sie, dass er sich auf den **heiligen Berg Kurama** begeben sollte, außerhalb von Kyoto im Distrikt Kuriyama, der in der zentralen Region von Hokkaidō liegt. Der Name *Kuriyama* bedeutet auf Japanisch „Kastanienberg".

Die Drei Stufen des Reiki

➤ 1. Grad / Level 1 – Shoden / Lehrling

- Körperliche Selbstheilung

➤ 2. Grad / Level 2 – Okuden / Praktizierender

- Heilung anderer
- Körperliche, mentale und emotionale Heilung

➤ 3. Grad / Level 3 – Shinpiden / Meister / Lehrer

- Andere unterrichten
- Spirituelle Heilung

REIKI ERSTER GRAD, LEVEL I – SHODEN / LEHRLING

Körper – Alles über Selbstheilung!

WAS LERNEN SIE?

- Einweihung in den 1. Reiki-Grad
  (Begegnung mit Ihrem Reiki-Meister in der geistigen Welt)
- Reiki-Energie
- Chakren
- Körperliche Heilung
- Selbstheilung mithilfe der **sieben Hauptchakren** und der **16 Handpositionen der Nebenchakren**

REIKI ZWEITER GRAD, LEVEL II – OKUDEN / PRAKTIZIERENDER

Körper & Geist – Alles über die Heilung ANDERER Menschen!

WAS LERNEN SIE NEU?

- Einweihung in den 2. Reiki-Grad
- Anwendung der Handpositionen aus Level 1
  (7 Hauptchakren und 16 Nebenchakren)
  und deren Kombination mit **361 Tsubo-Punkten** am Körper
- Chakra-Kristallheilung
- Chakra-Pendelheilung
- Mentale und emotionale Heilung

- Fernheilung

REIKI DRITTER GRAD, LEVEL III – SHINPIDEN / MEISTER

Körper, Geist & Seele – Alles über das LEHREN anderer Menschen!

WAS LERNEN SIE NEU?

- Einweihung in den 3. Reiki-Grad
- Sie haben in Level 1 die körperliche Heilung gelernt, in Level 2 die mentale und emotionale Heilung – und nun, in Level 3, erlernen Sie die **spirituelle Heilung**
- PLUS!!! Wie man Reiki an andere unterrichtet → Sie werden der **Lehrer**!

Hinweis:

Der Reiki-Grad entspricht nicht der Menge an Energie, die Sie anwenden können. Die Grade beziehen sich ausschließlich auf das **Wissen**, das Sie in jeder Stufe erlernen.

Was ist Reiki?

Reiki ist eine Energie-Heilmethode durch Handauflegen, die auf die Chakren und **Tsubo**-Punkte (Meridianpunkte) des Körpers angewendet wird.

Reiki = Lebensenergie

Reiki ist eine der ältesten Heilmethoden, die der Menschheit bekannt sind. Es wird als alternative Therapie zur Behandlung körperlicher, emotionaler, mentaler und spiritueller **Un-Ausgeglichenheit** eingesetzt.

Reiki ist das japanische Wort für „universelle Lebensenergie". Die Bedeutung von **„Rei"** ist „universell", „mysteriöse Kraft", „transzendentaler Geist".
„Ki" beschreibt die vitale Lebensenergie.
Zusammen könnten sie „Geistesenergie" oder „Kraftenergie" bedeuten.
In seiner Essenz jedoch steht Reiki für **„universelle Lebensenergie – das Allumfassende"**.

Die Tradition des Reiki wird in über **3500 Jahre alten Sanskrit-Schriften** erwähnt, einer Sprache, die in der Kommunikation und den Dialogen der hinduistischen Himmelsgötter verwendet wurde.
Sie wurde *Deva-Vani* genannt („Deva" = Götter, „Vani" = Sprache), da angenommen wurde, dass sie vom Gott **Brahma** geschaffen und an die **Rishis** (Weisen) in himmlischen Sphären übermittelt wurde. Diese gaben das Wissen an ihre irdischen Schüler weiter, von wo aus es sich über die Erde verbreitete.

Sanskrit wird noch heute von den indo-arischen Kulturen verwendet (der alten Sprachwurzel des Hinduismus) und ist zudem weit verbreitet im **Jainismus, Buddhismus und Sikhismus.**

Reiki ist **keine Religion** und kein Glaubenssystem – es folgt keiner Doktrin.
Es ist eine Heiltechnik, die die Kraft der göttlichen Lebensenergie mit dem **Chakra-System des Körpers** vereint.

Ursprung – Wie Dr. Usui das Wissen erlangte

Während **21 Tagen** fastete und meditierte er, um Einblick in die Anwendung der Informationen zu erhalten, die er gefunden hatte. Dr. Usui sammelte **21 Steine**, um die Zeit in der Höhle auf dem Berg zu zählen. Jeden Tag warf er einen Stein weg, meditierte und fastete.

Am Morgen des **21. Tages** hatte er das gesuchte Wissen immer noch nicht empfangen. Während er vor der Morgendämmerung betete, dass ihm das Licht und die Anwendung der „Schlüssel zur Heilung", die er in den Schriften gefunden hatte, offenbart würden, warf er seinen letzten Stein weg.

Enttäuscht darüber, seine Aufgabe nicht erfüllt zu haben, stand er am Abend auf, um zu gehen. In diesem Moment bemerkte er in der Ferne einen kleinen Lichtstrahl am Horizont, der sich auf ihn zubewegte. Je näher er kam, desto größer wurde er – so groß, dass er ihn beinahe zu Tode erschreckt hätte.
Doch er hatte Jahre seines Lebens dieser Suche gewidmet und war nicht bereit, jetzt wegzulaufen.

Schließlich, als er sich innerlich festigte, traf ihn das Licht mitten auf die Stirn – und er verlor das Bewusstsein.

In diesem Traumzustand erlebte er ein **Spektrum aus Regenbogenfarben**, und die **Sanskrit-Symbole**, ihre Anwendung und ihre Bedeutungen erschienen am Himmel gezeichnet.
Während dieser ersten Einweihung erhielt Dr. Usui **alle Schlüssel zur Heilung**.

Er schwor, sie niemals zu vergessen und niemals zuzulassen, dass sie verloren gehen.

Die Vier Wunder

Dr. Usui war überglücklich über seine Erfahrung und das neu gewonnene Wissen und machte sich eilig auf den Weg den Berg hinunter zurück nach Kyoto und ins Kloster. Auf seinem Rückweg ereigneten sich die „**Vier Wunder des Reiki**".

Wunder Nummer eins:

In seiner Eile stolperte er und stieß sich heftig den Zeh. Instinktiv beugte er sich hinunter, nahm seinen schmerzenden Zeh zwischen seine Hände – und stellte kurz darauf fest, dass Schmerz und Blutung aufgehört hatten. Außerdem bemerkte er, dass eine starke Wärme aus seinen Händen strömte.

Wunder Nummer zwei:

Er brach sein einundzwanzigtägiges Fasten, indem er in einem Gasthaus für Reisende ein **vollständiges Mahl** bestellte. Er aß alles – und litt weder unter Verdauungsproblemen noch unter irgendwelchen Beschwerden.

Wunder Nummer drei:

Das junge Mädchen, das ihn bediente, litt unter einem vereiterten Zahn. Wieder legte Dr. Usui seine Hände auf die geschwollene Stelle, und innerhalb weniger Augenblicke verschwanden Schmerz und Schwellung.

Wunder Nummer vier:

Zurück im Kloster litt der Abt unter starken Schmerzen aufgrund eines Arthritis-Anfalls. Dr. Usui legte seine Hände auf die schmerzende Stelle, während er dem Abt von seinen Erlebnissen berichtete – und sehr schnell ließ der Schmerz nach.

Nach intensiver Meditation und Gesprächen mit dem Abt beschloss Dr. Usui, sein neues Heilwissen – das er **Reiki** nannte – den Armen, Kranken und Behinderten zur Verfügung zu stellen. Viele Jahre arbeitete er mit diesen Menschen und schenkte ihnen Heilung.

Doch Jahre später bemerkte er eines Tages, dass viele der von ihm Geheilten wieder als Bettler lebten. Als er fragte, warum, antworteten sie, dass dieses Leben viel einfacher sei – ohne Verantwortung.

Enttäuscht und das Gefühl, gescheitert zu sein, erkannte Dr. Usui, dass er zwar geheilt, aber **keine Verantwortung gelehrt** hatte. Von diesem Tag an verlangte er einen **ausgeglichenen Energieaustausch**, sei es monetär oder in anderer Form.

Im Jahr **1922** gründete Dr. Usui (Usui Sensei – Lehrer/Instruktor) seine erste Reiki-Klinik und -Schule in Tokio und begann, Reiki zu lehren. Er bildete etwa **sechzehn Reiki-Meister** aus.
Vor seinem Tod übergab er Dr. **Chujiro Hayashi** die Verantwortung, die Reiki-Tradition zu bewahren und weiterzugeben.

Dr. Hayashi war es, der die heutigen **drei Reiki-Stufen** entwickelte.

Als der Zweite Weltkrieg näher rückte, fürchtete Dr. Hayashi um das Überleben von Reiki, da er wusste, dass viele Männer im Krieg sterben würden. Deshalb entschied er sich, eine japanische Frau auszubilden, die in Hawaii lebte: **Mrs. Hawayo Takata**.

Mrs. Takata brachte die Reiki-Ausbildung in die **Vereinigten Staaten und nach Kanada** und war diejenige, die beschloss, für jede Ausbildungsstufe eine Gebühr zu erheben.

Nur für heute

Dr. Usui entwickelte die „Fünf Lebensregeln des Reiki".

NUR FÜR HEUTE

1. ICH WILL KEINE SORGEN HABEN,

2. ICH WERDE MEINE ARBEIT EHRLICH TUN,

3. ICH WERDE MEINE VIELEN SEGNUNGEN ANNEHMEME,

4. ICH WERDE ANGEMESSEN MIT WUT UMGEHEN.

5. ICH WERDE ALLEN UND ALLEM LIEBE UND RESPEKT ZEIGEN.

Dr. Constances Linie

Ich wurde im **September 1999** von einer amerikanischen Frau, die sich *Nefertiti* nannte, in **Reiki Level 1 & 2** eingeweiht. Meinen **Reiki-Meistergrad** erhielt ich im Jahr **2000** von **Margaret**.

Linie

*Im Jahr **2023** erhielt ich meinen **Doctorate** und **Ph.D.** in Naturmedizin.*
*2017 wurde mein Name in **Constance Santego** geändert.*
*Im Jahr **2010** wurde ich – als Connie Brummet – von der geistigen Welt in die Stufe der **Grand Reiki Mastery** eingeweiht.*
*Im Jahr **2000** wurde ich von **Margaret Ripple** zur Reiki-Meisterin eingeweiht. Sie wurde 1998 von **Wendy Koenig** eingeweiht, die wiederum 1997 von **Laurie Grant** eingeweiht wurde.*

*Im Jahr **1989** wurde Laurie Grant von **James Davis** eingeweiht, der seinerseits von **Dr. Arthur Robertson** eingeweiht worden war. Dr. Robertson wurde in den **1970er Jahren** von der Meisterlehrerin **Virginia Samdahl** in das Reiki-System eingeweiht.*

***Virginia Samdahl** war die **erste westliche Reiki-Meisterin**, die von **Hawayo Takata** initiiert wurde.*

*Ende der 1970er und Anfang der 1980er Jahre studierte Dr. Robertson gemeinsam mit der Reiki-Meisterlehrerin **Iris Ishikuro**, die ebenfalls von **Mrs. Takata** in das System eingeweiht worden war.*

*Im Jahr **1938** erhielt Mrs. Takata ihre Meistereinweihung von **Chujiro Hayashi**.*
***Mr. Hayashi** erhielt seinen Meistergrad 1925 von **Dr. Usui**.*
***Dr. Usui** wiederum erhielt seine Einweihung 1922 von der **geistigen Welt**.*

Wie Energie wirkt

Reiki-Energie heilt den Menschen, indem sie durch die betroffenen Bereiche des **vitalen oder aurischen Feldes** (Aura) fließt und diese ausgleicht.
Jeder Mensch besitzt ein Energiefeld, das seinen physischen Körper umgibt.
Während einer Reiki-Sitzung harmonisiert die kosmische Energie die **Schwingungsrate und Frequenz** des vitalen Feldes (der Aura).

Stellen Sie sich – wenn Sie möchten – das **vitale Feld (die Aura)** wie einen **Wasserpool** vor.
Das Wasser kann verschmutzt werden, wenn man ihm Giftstoffe wie Chemikalien, Schlamm oder Gegenstände hinzufügt. Es kann auch schal werden, wenn es keinen frischen Sauerstoff erhält oder sich nicht bewegt. Mit der Zeit können sich grüne oder blaue Algen bilden, und das Wasser wird faulig – alles, was hineingelangt, stirbt.

Wasser ist ein bekannter **Leiter**; je klarer das Wasser, desto besser seine Leitfähigkeit.
Auch wenn Ihr vitales Feld (Ihre Aura) **nicht flüssig** wie Wasser ist und für die meisten Menschen **unsichtbar**, strahlt es dennoch die Klarheit Ihres **körperlichen, geistigen und seelischen Gesundheitszustands** aus.

Während einer Reiki-Sitzung wird die Absicht der **Lebenskraftenergie**, die aus dem Kosmos herabströmt, durch die Chakren der Person geleitet – **Kronen-, Stirn-, Kehl- und Herzchakra** – und anschließend durch die Hände zu den **Chakren und Tsubo-Punkten**, die einen Ausgleich benötigen.

Wenn eine Person in den **2. oder 3. Reiki-Grad** eingeweiht wurde, wirkt diese Energie auf allen Ebenen:
Sie heilt und harmonisiert die **emotionalen, mentalen und spirituellen** Körper sowie den **physischen Körper**.

Zusätzlicher Kontext und Vorteile

Reiki ist nicht nur eine Methode der Energieheilung, sondern auch ein Weg, **Entspannung zu fördern und Stress abzubauen**.
Praktizierende glauben, dass Reiki durch das Kanalisieren positiver Energie in den Körper die **natürlichen Selbstheilungsprozesse** des Körpers unterstützt.
Diese Praxis kann auch andere medizinische oder therapeutische Verfahren ergänzen, um **Nebenwirkungen zu lindern** und die **Genesung zu fördern**.

Während einer Sitzung verwendet der Praktizierende verschiedene **Handpositionen** und berührt entweder den Körper leicht oder hält die Hände wenige Zentimeter darüber. Sitzungen dauern in der Regel **30 bis 60 Minuten**, abhängig von den Bedürfnissen der Person und dem Ansatz des Praktizierenden.

Viele Menschen, die Reiki erhalten, berichten von einem Gefühl tiefer **Entspannung, Wärme** und **allgemeinen Wohlbefindens**.
Obwohl die wissenschaftliche Forschung zu Reiki sich noch entwickelt, glauben viele Praktizierende und Empfangende aufgrund persönlicher Erfahrungen und historischer Anwendung an seine Wirksamkeit.

Reiki ist zudem für **jeden zugänglich**, der es erlernen möchte. Mit der richtigen Einweihung und Ausbildung können Menschen **Selbst-Reiki** praktizieren oder Heilung für andere anbieten, was ein Gefühl von Gemeinschaft und gemeinsamen Wohlbefinden fördert.

Mehr zu diesem Thema wird ausführlich in meinem Buch behandelt:

„Secrets of a Healer – Magic of Reiki (X)"
Trade Paperback ISBN: 978-1-7772220-0-0
E-Book ISBN: 978-1-7772220-1-7

Die Chakren Verstehen: Die Grundlagen

Was sind Chakren?

Chakren sind Energiezentren im menschlichen Körper, die verschiedene **körperliche, emotionale und spirituelle** Funktionen regulieren.

Das Wort **„Chakra"** stammt aus dem Sanskrit und bedeutet „Rad" oder „Scheibe". Dies zeigt, dass diese Energiezentren wie **drehende Energieräder** entlang der Wirbelsäule wirken.

Wie viele Chakren gibt es?

Obwohl einige Traditionen unterschiedliche Zahlen nennen, bezieht sich das am weitesten verbreitete System auf **sieben Hauptchakren**, die jeweils an einem bestimmten Punkt entlang der Wirbelsäule – vom Beckenboden bis zum Scheitel – liegen.

Die Sieben Hauptchakren

1. Wurzelchakra (Muladhara)

> **Ort:** Basis der Wirbelsäule
> **Farbe:** Rot
> **Element:** Erde
> **Assoziiert mit:** Grundbedürfnissen, Erdung, Stabilität und Sicherheit
> **Unausgeglichenheit kann verursachen:** Angstzustände, Sorgen, Probleme in Beinen, Füßen und im unteren Rücken

2. Sakralchakra (Svadhisthana)

Ort: Unterbauch, etwa fünf Zentimeter unterhalb des Nabels
Farbe: Orange
Element: Wasser
Assoziiert mit: Emotionen, Kreativität, Sexualität und Genuss
Unausgeglichenheit kann verursachen: Emotionale Instabilität, sexuelle Dysfunktionen, Probleme der Fortpflanzungsorgane und Nieren

3. Solarplexus-Chakra (Manipura)

Ort: Oberbauch, in der Magenregion
Farbe: Gelb
Element: Feuer
Assoziiert mit: Persönlicher Stärke, Selbstwertgefühl und Selbstbewusstsein
Unausgeglichenheit kann verursachen: Verdauungsprobleme, geringes Selbstwertgefühl, mangelnde Selbstkontrolle

4. Herzchakra (Anahata)

Ort: Mitte der Brust, etwas oberhalb des Herzens
Farbe: Grün
Element: Luft
Assoziiert mit: Liebe, Mitgefühl und Beziehungen
Unausgeglichenheit kann verursachen: Herz- und Lungenprobleme, emotionaler Stress, Beziehungsprobleme

5. Halschakra (Vishuddha)

Ort: Kehle
Farbe: Blau
Element: Äther (Raum)
Assoziiert mit: Kommunikation, Selbstausdruck und Wahrheit
Unausgeglichenheit kann verursachen: Hals- und Nackenprobleme, Kommunikationsschwierigkeiten, Probleme sich auszudrücken

6. Drittes Auge Chakra (Ajna)

Ort: Stirn, zwischen den Augenbrauen
Farbe: Indigo
Element: Licht
Assoziiert mit: Intuition, Einsicht und psychischen Fähigkeiten
Unausgeglichenheit kann verursachen: Kopfschmerzen, Sehprobleme, Konzentrationsschwierigkeiten

7. Kronenchakra (Sahasrara)

Ort: Oberkopf / Scheitel
Farbe: Violett oder Weiß
Element: Gedanke
Assoziiert mit: Spiritueller Verbindung, Erleuchtung und höherem Bewusstsein
Unausgeglichenheit kann verursachen: Spirituelle Abgeschnittenheit, Verwirrung, neurologische Probleme

Wie funktionieren Chakren?

Es wird angenommen, dass Chakren Energie im Körper
empfangen, verarbeiten und **weiterleiten**.
Wenn sie offen und ausgeglichen sind, fließt die Energie frei
und fördert das **körperliche, emotionale und spirituelle
Wohlbefinden**.
Wird ein Chakra jedoch blockiert oder gerät aus dem
Gleichgewicht, kann dies zu verschiedenen körperlichen und
emotionalen Problemen führen.

Die Chakren ausbalancieren

Es gibt viele Möglichkeiten, die Chakren zu harmonisieren
und in Einklang zu bringen, darunter:

- **Meditation:**
  Durch Fokussierung auf jedes Chakra und das
  Visualisieren seiner Farbe und Position können die
  Energiezentren ausgeglichen werden.
- **Yoga:**
  Bestimmte Körperhaltungen und Übungen zielen auf
  bestimmte Chakren ab und helfen dabei, sie zu öffnen.
- **Reiki und Energieheilung:**
  Praktizierende leiten Energie, um Blockaden in den
  Chakren zu lösen und den Energiefluss
  wiederherzustellen.
- **Kristalle:**
  Bestimmte Heilsteine sind den einzelnen Chakren
  zugeordnet und können unterstützend eingesetzt
  werden.

- **Affirmationen:**
  Positive Aussagen, die sich auf die Qualitäten des jeweiligen Chakras beziehen, fördern Harmonie und Balance.
- **Aromatherapie:**
  Ätherische Öle, die mit den einzelnen Chakren korrespondieren, können die Heilpraxis vertiefen.

Das Verständnis und die Arbeit mit den Chakren können ein kraftvolles Werkzeug sein, um **ganzheitliche Gesundheit und Wohlbefinden** zu erreichen.
Wenn wir auf diese Energiezentren achten und dafür sorgen, dass sie ausgeglichen sind, verbessern wir unsere körperliche Gesundheit, emotionale Stabilität und spirituelle Entwicklung.

Mehr zu diesem Thema finden Sie ausführlich in meinem Buch:

„Secrets of a Healer – Magic of Reiki (Band X)"
Trade Paperback ISBN: 978-1-7772220-0-0
E-Book ISBN: 978-1-7772220-1-7

Nierenatmung und das Hui Yin

Wenn Sie Schüler einweihen, ist es notwendig, dass Sie als Lehrer – und idealerweise auch Ihre Schüler – die **RAKU-Feuerenergie** die Wirbelsäule hinauf bis in die **Zirbeldrüse** leiten.

Dies revitalisiert den gesamten Körper und hebt das spirituelle Bewusstsein.

Führen Sie dazu die folgenden drei Schritte aus:

1) Nierenatmung ausführen

Legen Sie die Handflächen auf Ihren unteren Rücken über die Nieren.

Lenken Sie Ihren Atem in die Nieren hinein und erweitern Sie sie. Ihre Hände sollten sich bei jeder Einatmung heben und am Ende jeder Ausatmung wieder flach anliegen.

Diese Art des Atmens erhöht Ihre **RAKU-Energie**, wenn Sie sie täglich praktizieren.

2) Kontakt zum Hui Yin herstellen

Das **Hui Yin** ist ein Akupressurpunkt zwischen Anus und Genitalien.

Atmen Sie wieder normal, während Sie das Gefühl erzeugen, diesen Punkt **nach innen in den Körper zu ziehen**, indem Sie ihn anspannen

(Frauen kennen dies möglicherweise als „Beckenbodenübung" oder „Kegel-Übung").

Dieser Schritt lenkt die **RAKU-Feuerenergie** die Wirbelsäule hinauf.

3) Beide Techniken kombinieren

Zuerst spannen Sie Ihr **Hui Yin** an.
Dann nehmen Sie durch die Nase eine **Nierenatmung**, während Sie sich vorstellen, dass ein **Energiene bel** mit dem Atem bis zur Basis Ihrer Wirbelsäule hinabsteigt.

Dieser Nebel wirbelt am unteren Ende der Wirbelsäule herum und steigt dann wie in einem hohlen Kanal nach oben, bis er in den Kopf eintritt und dort zirkuliert.

Anschließend **stoßen Sie den Nebel durch den Mund** mit einem **zischenden Geräusch** aus.
Erzeugen Sie dieses Geräusch, indem Sie die Zunge an den **Rand hinter den oberen Schneidezähnen** legen.
Machen Sie zunächst ein „F"-Geräusch, während Sie die Zunge senken, und dann ein „St"-Geräusch, während Sie den Atem freigeben und gleichzeitig das **Hui Yin** lösen.

Hinweis:

Während der Einweihungen sollten **Sie als Lehrer** Ihr Hui Yin halten, bis Sie Ihre Nierenatmung **mit Ihrem letzten Schüler** abgeschlossen haben.

Nierenatmung

1. Lehrer: Öffne die Handflächen des Schülers
2. Schüler: Halte das Hui Yin
3. Lehrer: Zeichne die entsprechenden Symbole
4. Schüler: Mache ein „F"-Geräusch, während die Zunge gesenkt wird, und ein „St"-Geräusch, während der Atem losgelassen und das Hui Yin entspannt wird.

Wasserritual

Wasser reinigt, leitet Elektrizität und verstärkt die Wirksamkeit der Symbole, in die man eingeweiht wurde.

Das Wasser vorbereiten:

1. **Zur Mitte kommen.**
2. Den **Reiki-Meister im Geist** und das **Höhere Selbst** bitten, bei der Einweihung des Wassers zu helfen.
3. Etwa **einen halben Teelöffel frischen Zitronensaft** in ein durchsichtiges Glas oder einen Plastikbecher geben. *(Einer pro Schüler)*
4. Jedes Glas zur Hälfte mit **destilliertem Wasser** füllen.

   - Für den **1. Grad**, zeichne ein **RAKU**- und ein CHOKUREI-Symbol über jedes Glas.
   - Für den **2. Grad**, zeichne ein **RAKU**- und ein SEIHEKI-Symbol über jedes Glas.
   Für **1. & 2. Grad kombiniert**, zeichne **alle drei Symbole** über jedes Glas.
   - Für den **Meistergrad**, zeichne ein **RAKU**-Symbol über jedes Glas.

5. Der Schüler hält das Glas in **Gebetsform** über seinem **Solarplexus**, Handflächen auf beiden Seiten des Glases, die Finger berühren sich.

6. Sagen Sie zu den Schülern:

   a.
   „Zieht euer **Hui Yin** nach oben und nehmt eine

Nierenatmung, indem ihr visualisiert, wisst oder fühlt, wie ein **Energiennebel** zur Basis eurer Wirbelsäule hinabsteigt.

Folgt ihm, wie er an der Basis der Wirbelsäule wirbelt und dann die Wirbelsäule hinaufsteigt, als befände er sich in einem hohlen Kanal, in euren Kopf eintritt und dort kreist.

Atmet durch den Mund aus und macht dabei ein **zischendes Geräusch**.

Während ihr ausatmet, stellt euch vor, wie der Energiennebel in euer Glas übergeht und euer **Hui Yin** losgelassen wird.

Zeichnet das **Einweihungssymbol** horizontal über euer Glas."

b.

Lassen Sie die Schüler Folgendes sprechen:

„Ich erwecke den **O SUI CHING** (Geist des Wassers), um den **Göttlichen Segen des Feuers** zu empfangen. Ich erkläre dies für wahr, im Namen des Heiligsten der Heiligen. So sei es."

c.

Nun sollen die Schüler das **entsprechende Einweihungssymbol** über ihr Glas zeichnen und das Wasser trinken.

Level-1-Meditation Für Die Einweihung

Sie haben die Wahl:

1. **Hören Sie die Meditation auf YouTube an:**
   https://youtu.be/dPmM6Zuua5Q

Oder

2. **Im Unterricht:**
   a. Lesen Sie den **ersten Teil** der Meditation.
   b. Zeichnen Sie die **Reiki-Symbole** auf das **Kronenchakra**, das **Herzchakra** und auf **beide Handflächen** jedes Schülers
   (während Sie das Hui Yin halten und eine Nierenatmung ausführen).
   c. Lesen Sie den **zweiten Teil** der Meditation.
   d. Führen Sie das **Wasserritual** durch
   (Symbole über dem Zitronenwasser zeichnen).
   e. Sprechen Sie die **Raku-Kei-Affirmation**.

Teil „Eins" der Einweihungsmeditation für Level 1

Begegnung mit Ihrem Reiki-Meister

Ihr Reiki-Meister in der Geistigen Welt

Jeder Mensch erhält einen besonderen Begleiter, dessen Aufgabe es ist, Ihnen bei einer Reiki-Sitzung zu helfen. Ihr **Reiki-Meister in der Geistigen Welt** wird Ihnen während Ihrer Einweihung in die Reiki-Energie gezeigt.

Dies ist eine sehr besondere Erfahrung:
Manche fühlen ein angenehmes Kribbeln, sehen wunderschöne Farben oder Bilder, hören Musik oder wissen einfach intuitiv, dass es wahr ist.

Sie werden Ihrem Reiki-Meister durch eine Meditation begegnen, die von Ihrem **Reiki-Meister / Reiki-Lehrer** vorgelesen wird – entweder im Unterricht oder über YouTube online.

Jeder bekommt etwas leicht Unterschiedliches zu sehen oder zu spüren.
Ihr Meister wird Ihnen immer in einer Form erscheinen, die Sie **gut annehmen können**.

Ich hatte Schüler, die eine Person bekamen – männlich oder weiblich, alt oder jung –, manche sahen ein Tier, manche nur eine Farbe, manche erhielten einfach einen Namen. Und einige sind so nervös, dass sie scheinbar gar nichts bekommen.

Entspannen Sie sich einfach … und genießen Sie die Meditation.

Ein Zustand der Entspannung

Diese Entspannungstechnik wird **zu Beginn jeder Einweihung** angewendet.
Bedenken Sie, dass dies nicht die einzige Entspannungsmeditation ist, die Sie verwenden können.

Ich benutze diese, weil sie einen **hypnotischen Zustand** erzeugt, der es ermöglicht, Ihre Schüler sowohl auf bewusster als auch auf unbewusster Ebene einzuweihen.

Es ist wichtig, dass Sie während dieser Entspannung **zwischen jedem Satz eine Pause von etwa 5 Sekunden** einlegen.

Lesen Sie diese Meditation:

„Schließen Sie Ihre Augen … machen Sie es sich bequem … werden Sie ganz entspannt …
Atmen Sie tief ein, ganz nach unten bis in den Boden Ihrer Lungen …

Jetzt lassen Sie Ihren Atem langsam und vollständig wieder heraus …

Richten Sie Ihre Aufmerksamkeit hinter Ihre Augen …
Entspannen Sie alle Muskeln in Ihren Augen …
Entspannen Sie sie vollständig …

Entspannen Sie sie so sehr, dass sie sich einfach nicht öffnen wollen …

Und jetzt, wo sie entspannt sind, testen Sie sie …
Wenn sie wirklich entspannt sind, öffnen sie sich einfach
nicht …

Gut …

Jetzt nehmen Sie noch einen tiefen Atemzug …
Fühlen Sie, wie er jeden Teil Ihrer Lungen ausdehnt …
Jetzt atmen Sie langsam und vollständig aus …

Lassen Sie die gleiche Entspannung, die in Ihren
Augenmuskeln begonnen hat, bis **hinunter zu Ihren Zehen**
fließen …
Lassen Sie alles los.
Nutzen Sie Ihre Vorstellungskraft …

Bereiten Sie sich nun darauf vor, **über sich selbst
hinauszugehen** …

Von diesem Punkt an lassen Sie alle Außengeräusche Ihre
Aufmerksamkeit **auf meine Stimme verstärken** …
Lassen Sie **meine Stimme Ihre Stimme** sein …

Entspannen Sie Ihre Zehen vollständig …
Richten Sie Ihre gesamte Aufmerksamkeit auf Ihre Füße.
Lassen Sie los …

Alle Muskeln in Ihren Beinen …
Konzentrieren Sie sich jetzt darauf, sie zu entspannen …

Ihre **Unterschenkel** … und Ihre **Oberschenkel** …

Konzentrieren Sie sich nun darauf, Ihre **Hüften** zu
entspannen ...
Ihren **Unterbauch** ... und Ihren **Magen** ...

Entspannen Sie Ihren **unteren Rücken** ...
Entspannen Sie Ihren **Brustkorb** ... und Ihren **oberen Rücken**
...

Sie schlafen nicht ...
Sie sind sich vollkommen bewusst, was vor sich geht ...
Sie können meine Stimme klar und deutlich hören ...

Nun entspannen Sie alle Muskeln in Ihren **Schultern** und in
Ihrem **Nacken** ...
Entspannen Sie Ihre **Arme** ... bis hinunter in Ihre
Fingerspitzen ...

Konzentrieren Sie sich nun darauf, Ihren **Kiefer** zu
entspannen ...
Lassen Sie ihn frei ...
Entspannen Sie Ihre **Zunge** ...

Entspannen Sie jetzt alle Muskeln in Ihrem **Gesicht** ...
Ihren **Mund** ... Ihre **Augen** ... Ihren **Kiefer** ... und Ihre **Stirn**
...

Sie sind jetzt **sehr tief entspannt** ...
Nicht von der Realität getrennt.
Im Gegenteil: sehr im Einklang mit allem, was ich sage.
Sie sind sich Ihrer Umgebung vollkommen bewusst ...
nur **sehr, sehr tief entspannt** ...

Jetzt haben Sie ein Stadium tiefer **körperlicher Entspannung** erreicht.

Lassen Sie uns nun auf **tiefe geistige Entspannung** konzentrieren …

Für die mentale Entspannung werde ich langsam von **100 bis 98** zählen,
damit Sie mit jeder Zahl Ihre Entspannung **verdoppeln** können.

Wenn Sie 98 erreicht haben, lassen Sie die Zahl einfach verschwinden.

Hier beginnen wir …

100 … Verdoppeln Sie Ihre Entspannung … lassen Sie vollständig los …
99 … Verdoppeln Sie Ihre Entspannung erneut … jetzt noch viel entspannter …
98 … Verdoppeln Sie Ihre Entspannung ein weiteres Mal …

Jetzt lassen Sie die Zahlen **verschwinden** …
Lassen Sie sie sich auflösen …

Dies ist ein wunderschöner Zustand der Entspannung.
Nicht von der Realität getrennt …
Tief im Einklang mit allem, was ich sage …
Vollständig bewusst …
und doch ganz auf meine Stimme konzentriert …

Lassen Sie alle Geräusche Ihre Aufmerksamkeit verstärken …

Wiederholen Sie nun innerlich die folgende Affirmation:

Im Reich des Geistes bin ich unbegrenzt.
(Wiederholen Sie dies noch 6-mal.)

Das nächste Mal, wenn Sie in die Meditation gehen, werden
Sie noch tiefer gehen ...
Es wird noch besser funktionieren ... schneller ... tiefer.

Nun bewegen Sie sich zur höheren Seite Ihres Selbst ...
reiner Geist ... ein Wesen aus Licht ...

Sie sind **nicht** Ihr Körper.

Richten Sie Ihre Aufmerksamkeit auf Ihre Zehen.
Sie bemerken, dass Sie Zehen haben ... und dass sie entspannt
sind ...
aber **Sie sind nicht Ihre Zehen** ...

Bemerken Sie jetzt Ihre Füße ...
und Ihre Unterschenkel ...
und Ihre Oberschenkel ...

Auch das sind **nicht Sie** ...

Während Sie sich mehr und mehr entspannen,
konzentrieren Sie Ihre Aufmerksamkeit auf meine Stimme ...

Bemerken Sie, dass Sie Hüften haben,
aber **Sie sind nicht Ihre Hüften** ...

Bemerken Sie Ihren Magen ... Ihre Brust ...
und Ihren Atem ... wie er ein- und ausströmt.

Sie sind **nicht Ihr Magen** …
und **nicht Ihre Brust** …
und **nicht Ihr Atem**.

Bemerken Sie Ihren gesamten Rücken …
auch das sind nicht Sie.

Bemerken Sie Ihre Schultern …
Sie nehmen wahr, dass sie da sind … sie gehören zu Ihnen …
aber **Sie sind nicht Ihre Schultern** …
und Sie sind auch **nicht Ihre Arme**.

Bemerken Sie, dass Sie einen Hals haben …
doch **Sie sind nicht Ihr Hals**.

Lenken Sie Ihr Bewusstsein nun auf Ihren Kiefer …
Sie sind **nicht Ihr Kiefer**.

Sie sind **nicht Ihre Zunge** …
und nicht all die Muskeln in Ihrem Gesicht …
einschließlich Ihrer Nase … Ihrer Augen …
und Ihres Mundes …

Sie sind **nicht** diese Dinge.

Bemerken Sie jetzt Ihre Gedanken …
Sie haben Gedanken …
aber **Sie sind nicht Ihre Gedanken** …

Gehen Sie jetzt noch tiefer …
Schenken Sie mir Ihre volle Aufmerksamkeit …
Konzentrieren Sie sich auf meine Stimme.

Es ist jetzt an der Zeit, Ihre **Schwingungsfrequenz** mit Gefühlen der Liebe und kraftvollen positiven Gedanken zu erhöhen.

Sie können dies tun, indem Sie sich mit einem wunderschönen, schützenden **weißen Licht** umgeben.

Dieses weiße Licht steht für
Wahrheit … Vergebung … Ihren höchsten Begriff der Quelle … und alles, was gut ist.

Stellen Sie sich vor, wie dieses weiße Licht nun beginnt, in Ihrem Herzen zu leuchten.

Lassen Sie dieses weiße Licht in Ihrem Herzen strahlen …
Lassen Sie es stärker werden.
Spüren Sie seine Wärme und Reinheit.

Erlauben Sie ihm, sich auszudehnen
und aus Ihrem Herzen herauszustrahlen,
sodass es Ihren ganzen Körper umhüllt …

Sie vollständig einbettet
in einen Kokon aus reinem, lebendigem, weißem Licht …

Dieses weiße Licht ist die vollkommene Präsenz der Quelle.
Vielleicht sehen Sie es … oder fühlen es … oder nehmen es intuitiv wahr …
doch alles, was wirklich nötig ist,
ist es **zu wissen**, dass es da ist.

Es wird immer bei Ihnen sein.

Sie sind nun vom schützenden weißen Licht umgeben,
sodass Ihr Unterbewusstsein nur für jene Suggestionen offen
ist,
die Ihnen hilfreich und förderlich sind …

Baden Sie sich in diesem weißen Licht …
Bemerken Sie, dass **Sie Licht sind** …

Sie sind reiner Geist …
ein zutiefst geliebtes Kind der Quelle …
jenseits von Zeit und Raum.

Fühlen Sie, wie Ihr Licht sich ausdehnt …
wie Ihr Licht sich in die Unendlichkeit hinaus ausstrahlt …

Sie sind reines Licht …
bedingungslose reine Liebe …
reines Mitgefühl …
reine Vergebung.

Sie sind jenseits des Jenseits …
Sie sind eins mit dem Universum.

Den Schüler einweihen:

1. Während der Schüler sein **„Hui Yin"** hält, **öffnen Sie sein Kronenchakra** mit dem **Raku-Symbol** und zeichnen dann das **Reiki-Level-1-Symbol** – Chokurei in sein **Kronenchakra, Herzchakra** und in **beide Handflächen**.

2. Nun macht der Schüler eine **„Nierenatmung"**.

3. **Schließen** Sie sein Kronenchakra mit dem **Raku-Symbol** …

4. Fahren Sie dann mit dem **zweiten Teil der Meditation** fort …

Level-1-Reiki-Symbole

Reiki-Symbole verwenden: Sagen, Denken, Sehen und Zeichnen

Reiki-Symbole wie **Chokurei** sind kraftvolle Werkzeuge in der Energieheilung, und es gibt mehrere Möglichkeiten, sie während einer Sitzung anzuwenden.
Jede dieser Methoden kann das Symbol und seine Energie aktivieren.
Hier erfahren Sie, wie man die Symbole **sagt, denkt, sieht** oder **zeichnet**:

1. Die Symbole aussprechen

Chokurei (Sho Ku Rei):

- **Verbale Anrufung:**
  Sagen Sie „Chokurei" laut, um seine Kraft zu aktivieren.
  Sie können es mehrmals wiederholen, um die Energie zu verstärken.
- **Affirmation:**
  Verwenden Sie Sätze wie:
  – „Ich rufe die Kraft des Chokurei für Heilung an."
  – „Chokurei, bitte verstärke die Reiki-Energie."

2. Die Symbole denken

Chokurei:

- **Mentale Visualisierung:**
  Stellen Sie sich das Chokurei-Symbol vor Ihrem inneren Auge vor.
  Visualisieren Sie, wie Sie es gedanklich zeichnen – beginnend oben und dann die Spirale formend.
- **Fokus:**
  Konzentrieren Sie sich auf das Symbol und seinen Zweck.
  Visualisieren Sie, wie es Energie in den benötigten Bereich leitet.

3. Die Symbole sehen

Chokurei:

- **Visuelle Hilfsmittel:**
  Verwenden Sie Bilder oder Diagramme des Chokurei-Symbols als Referenz.
  Platzieren Sie diese in Ihrem Heilungsraum, um Ihre Aufmerksamkeit darauf zu richten.
- **Geführte Visualisierung:**
  Schließen Sie die Augen und stellen Sie sich vor, wie das Symbol leuchtend vor Ihnen erscheint und heilende Energie ausstrahlt.

4. Die Symbole zeichnen

Chokurei:

- **Physisches Zeichnen:**
  Zeichnen Sie das Symbol mit Ihrer Hand in die Luft oder über den Körper des Empfängers.
  Beginnen Sie oben an der vertikalen Linie und formen Sie dann die Spirale.
- **Zeichnen auf Papier:**
  Zeichnen Sie das Symbol vor der Sitzung auf ein Blatt Papier, um Ihre Absicht zu fokussieren.
  Sie können diese Zeichnung auf oder in der Nähe des Bereichs platzieren, der Heilung benötigt.
- **Zeichnen auf den Körper (visualisiert):**
  Stellen Sie sich vor, wie Sie das Symbol auf den Körper des Empfängers zeichnen – über die Chakren oder über den spezifischen Bereich, der Heilung braucht.

Praktische Tipps

- **Kombination:**
  Verwenden Sie eine Kombination aus **Sagen, Denken, Sehen und Zeichnen** für eine stärkere Wirkung.
  Zum Beispiel können Sie den Namen des Symbols aussprechen, während Sie es visualisieren und gleichzeitig zeichnen.
- **Intention:**
  Setzen Sie immer eine **klare Absicht**, bevor Sie die Symbole anwenden.
  Dadurch wird die Energie fokussiert und der Heilungsprozess verstärkt.

- **Übung:**
  Regelmäßiges Üben mit den Symbolen stärkt Ihre
  Fähigkeit, sie effektiv zu verwenden.
  Integrieren Sie sie in Ihre tägliche Praxis, um mit ihrer
  Energie vertrauter und sicherer zu werden.

Regelmäßiges Anwenden dieser Techniken wird Ihre
Verbindung zu den Symbolen vertiefen und Ihre Reiki-Praxis
erheblich bereichern.

Wird für körperliche Heilung verwendet

Chokurei (Sho Ku Rei) Symbol

- Die **vorwärts gerichtete 7** wird für **allgemeine** oder **Ganzkörper-Heilung** verwendet.

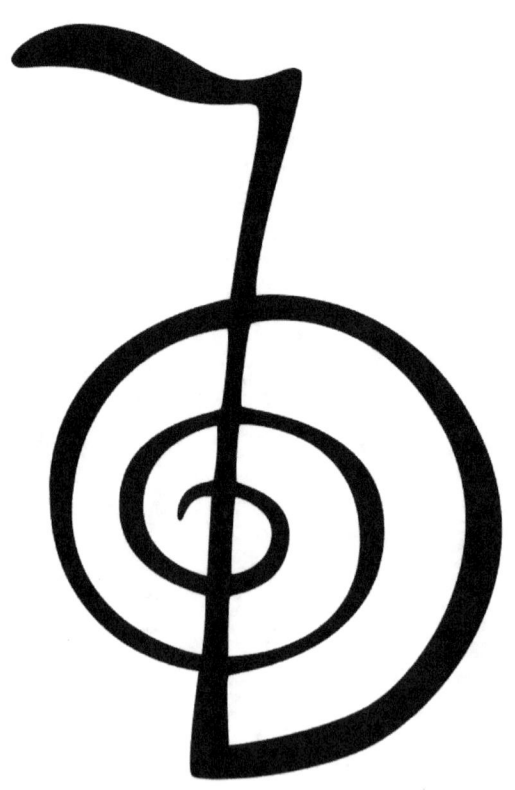

Das Chokurei-Symbol

Das **Chokurei**-Symbol, ausgesprochen „**Sho Ku Rei**", ist eines der wichtigsten Symbole im Reiki, einer Form der Energieheilung.
Oft wird es auch als **Kraftsymbol** bezeichnet, da es die Energie während einer Behandlung verstärkt und fokussiert.

Beschreibung

Das Chokurei-Symbol ähnelt einer stilisierten Zahl **7**, um die sich eine Spirale legt.
Die Spirale beginnt oben, macht **dreieinhalb Umdrehungen** und endet am unteren Ende der vertikalen Linie.

Es gibt verschiedene Ausführungen des Symbols, darunter eine **vorwärts (im Uhrzeigersinn)** und eine **rückwärts (gegen den Uhrzeigersinn)** gezeichnete Version.

Verwendung in der körperlichen Heilung

Chokurei wird in erster Linie für die **körperliche Heilung** eingesetzt und erfüllt mehrere wichtige Funktionen:

1. **Energieverstärkung:**
   Es wirkt wie ein Lichtschalter – es „schaltet" den Energiefluss ein und verstärkt ihn.
   Dadurch wird die Wirksamkeit der Behandlung erhöht.
2. **Fokus und Ausrichtung:**
   Durch das Visualisieren oder Zeichnen des Symbols können Praktizierende die Energie gezielt auf

bestimmte Körperbereiche lenken, die Heilung benötigen.

3. **Schutz:**
   Das Symbol kann ebenfalls verwendet werden, um ein **schützendes Energiefeld** um den Behandler und den Empfänger zu schaffen.

Anwendung der vorwärts gerichteten 7

Die **vorwärts** gezeichnete Version des Chokurei (im Uhrzeigersinn) wird üblicherweise für **allgemeine** oder **Ganzkörper-Heilung** verwendet.
Man glaubt, dass diese Variante:

- den gesamten Energiefluss im Körper verbessert,
- die Energiesysteme des Körpers ausgleicht und somit die körperliche Gesundheit unterstützt,
- das Immunsystem stärkt und die natürlichen Heilprozesse des Körpers fördert.

Wie man Chokurei in einer Heilbehandlung anwendet

1. **Vorbereitung:**
   Kommen Sie in Ihre Mitte und verbinden Sie sich mit der Reiki-Energie.
2. **Zeichnen des Symbols:**
   Zeichnen Sie das Symbol mit Ihrer Hand in die Luft oder visualisieren Sie es vor Ihrem inneren Auge.
   Zeichnen Sie das Chokurei über den Körperbereich, den Sie heilen möchten.
   Beginnen Sie oben auf der vertikalen Linie und machen Sie **dreieinhalb Spiralen im Uhrzeigersinn.**

3. **Intention:**
   Konzentrieren Sie sich klar auf Ihre **Heilungsabsicht** und lenken Sie die Energie bewusst in den gewünschten Bereich.
   Spüren Sie, wie sich die Energie verstärkt und in den Empfänger einströmt.
4. **Energiekanalisation:**
   Leiten Sie weiterhin Reiki-Energie durch Ihre Hände, wobei das Symbol den Heilungsprozess leitet und intensiviert.

Das **Chokurei-Symbol** ist ein kraftvolles Werkzeug in der Reiki-Praxis, da es den Energiefluss verstärkt und fokussiert. Seine **vorwärts (im Uhrzeigersinn)** gerichtete Version eignet sich besonders gut für **allgemeine oder ganzkörperliche Heilung** und ist damit ein vielseitiger und unverzichtbarer Bestandteil jeder Reiki-Behandlung.

Chokurei (Sho Ku Rei) Symbol: Rückwärts-7

- Die **rückwärts gerichtete 7** wird für **spezifische** oder **kleine Bereiche** verwendet.

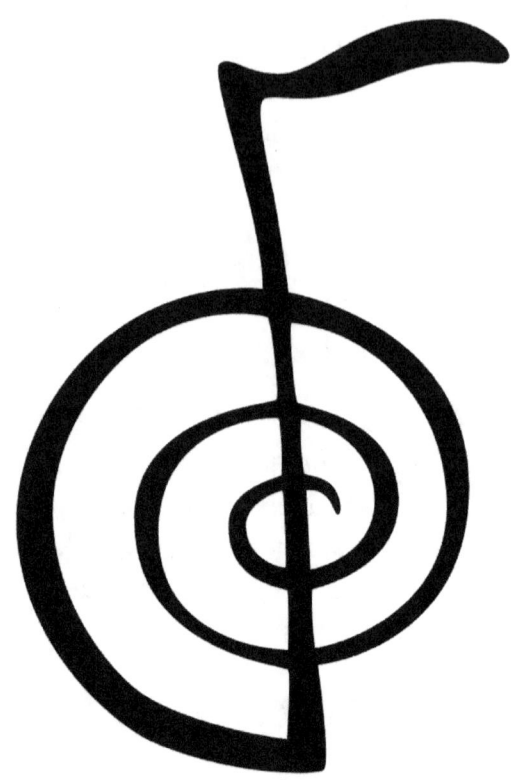

Das Chokurei-Symbol, oder „Sho Ku Rei" – Rückwärts-7

Das **Chokurei-Symbol**, ausgesprochen **„Sho Ku Rei"**, besitzt verschiedene Anwendungsmöglichkeiten.
Eine davon ist die **rückwärts** bzw. **gegen den Uhrzeigersinn** gezeichnete Version.

Während die **vorwärts gerichtete 7** für allgemeine oder ganzkörperliche Heilung verwendet wird, wird die **Rückwärts-7** speziell für **zielgerichtete** oder **kleine Bereiche** eingesetzt.

Beschreibung der Rückwärts-7

Die rückwärts gezeichnete Version des Chokurei wird **gegen den Uhrzeigersinn** gezeichnet.
Wie die vorwärts gerichtete Version besteht sie aus einer vertikalen Linie mit einer Spirale, die sich darum legt – allerdings in der **umgekehrten Richtung**.

Diese Variante wird angewendet, um die Heilenergie **auf bestimmte, lokal begrenzte Bereiche** zu konzentrieren, statt sie im ganzen Körper zu verteilen.

Verwendung für spezifische oder kleine Bereiche

Die Rückwärts-7 des Chokurei ist besonders wirksam für:

1. **Zielgerichtete Heilung:**
   Sie fokussiert die Reiki-Energie auf bestimmte Körperteile, die intensive Heilung benötigen – z. B. eine Wunde, ein Gelenk oder ein Organ.
2. **Präzision:**
   Der Praktizierende kann die Energie mit großer Genauigkeit lenken, sodass die betroffene Stelle optimal profitiert.
3. **Energieverstärkung:**
   Durch die gegen den Uhrzeigersinn gezeichnete Spirale wird die Energie **verdichtet und intensiviert**, was besonders für kleine Bereiche geeignet ist.

Wie man die Rückwärts-7 in einer Behandlung verwendet

1. **Vorbereitung:**
   Kommen Sie in Ihre Mitte, verbinden Sie sich mit der Reiki-Energie und setzen Sie eine klare Intention für die Behandlung.
2. **Zeichnen des Symbols:**
   Visualisieren oder zeichnen Sie das rückwärts gerichtete Chokurei über dem spezifischen Bereich, der Heilung braucht.
   Beginnen Sie oben auf der vertikalen Linie und zeichnen Sie die Spirale **gegen den Uhrzeigersinn.**
3. **Energiefokus:**
   Konzentrieren Sie sich darauf, Reiki-Energie in den kleinen, gezielten Bereich zu leiten.
   Visualisieren Sie, wie die Energie dichter und intensiver wird.
4. **Heilprozess:**
   Halten Sie Ihre Hände über den Bereich und lassen Sie das Symbol den Energiefluss präzise dorthin lenken, wo er benötigt wird.

Vorteile der Verwendung der Rückwärts-7

1. **Verbesserte Heilung bei lokalisierten Beschwerden:**
   Diese Methode eignet sich ideal bei lokalem Schmerz, Verletzungen oder Erkrankungen und bietet dem betroffenen Bereich eine intensivere Heilung.
2. **Energiekonzentration:**
   Die rückwärts gerichtete Spirale hilft dabei, die Energie

zu konzentrieren, wodurch der Heilprozess gezielter und wirkungsvoller wird.

3. **Ergänzende Verwendung:**
   Sie kann zusammen mit der vorwärts gerichteten 7 eingesetzt werden, um in einer Sitzung sowohl **allgemeine** als auch **spezifische Heilung** zu ermöglichen.

Die **Rückwärts-7** des Chokurei ist ein wesentliches Werkzeug für Reiki-Praktizierende, da sie präzise und fokussierte Heilung ermöglicht.
Die gegen den Uhrzeigersinn gerichtete Ausführung ist besonders wirksam für kleine oder spezifische Bereiche und stellt eine wertvolle Erweiterung der Reiki-Praxis dar.

Durch das Verständnis und die Anwendung beider Versionen – der **vorwärts** und der **rückwärts** gezeichneten – können Praktizierende eine umfassende Heilung anbieten, die genau auf die Bedürfnisse ihrer Klienten abgestimmt ist.

Teil „Zwei" der Einweihungsmeditation für Level 1

Lesen Sie diesen zweiten Teil, nachdem Sie die Symbole gezeichnet haben:

Begegnung mit Ihrem Reiki-Meister in der Geistigen Welt

In einem Moment werde ich Sie bitten, sich selbst in einem **runden Raum** in der Mitte Ihres Kopfes zu erleben – **hinter Ihren Augen**.

Dieser runde Raum hat **Türen und Fenster**, die zu allen Seiten hinausführen.
Jede Tür, jedes Fenster führt zu einem anderen geistigen Führer.

Eine dieser Türen führt zu **Ihrem Reiki-Meister in der Geistigen Welt**.

Stellen Sie sich jetzt vor, dass Sie in diesem runden Raum stehen.
Schauen Sie sich um und nehmen Sie alle Türen und Fenster wahr.

Fragen Sie sich:
Welche Tür führt zu meinem Reiki-Meister in der Geistigen Welt?

Ich möchte, dass Sie zu dieser Tür hinübergehen und sich vor sie stellen.

Bitten Sie darum, sie in der **lebendigsten Form**, die für Sie möglich ist, wahrzunehmen.

Sie können sie sehen …
Sie können sie fühlen …
Sie können eine Beschreibung hören …
oder Sie wissen es einfach.

Wie sieht die Tür aus?
Wie öffnet sie sich?

Nun möchte ich, dass Sie diese Tür auf irgendeine Weise **markieren**, damit Sie immer wissen, dass sie zu Ihrem Reiki-Meister in der Geistigen Welt führt.
Sie können ein Symbol darauf zeichnen …
oder etwas darauf schreiben …
ganz egal was.

Auf der anderen Seite dieser Tür befindet sich ein **Flur voller goldenen Lichts**.

Ich möchte jetzt, dass Sie **durch diese Tür gehen** …
Treten Sie in den Flur …
und beginnen Sie, ihn entlangzugehen …

Vielleicht spüren Sie Sonnenschein …
vielleicht sehen Sie glitzernden Feenstaub …
vielleicht hören Sie einen Ton oder eine Melodie …

Und Sie fühlen sich wundervoll, denn Sie sind auf dem Weg, **Ihren Reiki-Meister in der Geistigen Welt zu treffen**.

Beachten Sie alles, was sich auf dem Boden …
an den Wänden …
oder an der Decke befindet …

Gehen Sie den Flur entlang, bis Sie zur **nächsten Tür** gelangen
…

Auf der anderen Seite dieser Tür wartet **Ihr Reiki-Meister in der Geistigen Welt**,
um Sie zu treffen.

Wir werden jetzt einen bewussten Vertrag mit Ihrem Reiki-Meister schließen.

Ich möchte, dass Sie die folgenden drei Sätze **in Gedanken wiederholen**, nachdem ich sie sage:

1. „Mein Reiki-Meister in der Geistigen Welt hat das höchstmögliche Maß an Integrität."
2. „Mein Reiki-Meister in der Geistigen Welt erscheint mir in einer Form, die ich leicht annehmen kann."
3. „Mein Reiki-Meister in der Geistigen Welt ist auf der höchsten Ebene, mit der ich klar kommunizieren kann."

Und fügen Sie gern alles hinzu, was Ihnen persönlich wichtig ist …

Beachten Sie nun diese Tür …
Woraus besteht sie?
Wie öffnet sie sich?

Jetzt gehen Sie durch diese Tür
und erlauben Ihrem Reiki-Meister in der Geistigen Welt,
sich Ihnen in der **lebendigsten Form**, die für Sie möglich ist,
zu zeigen …

sodass Sie ihn **sehen** können …
fühlen können …
hören können …
oder **wissen**, dass er da ist …

Begrüßen Sie ihn auf die Weise, die sich für Sie richtig anfühlt:

– Sie können ihn umarmen
– Hallo sagen
– sich verbeugen
– oder ihm die Hand reichen

Fragen Sie ihn nach seinem Namen.
Wenn er seine Gestalt ständig wechselt,
bitten Sie ihn, **eine Form auszuwählen**.

Fragen Sie, wie er darüber denkt,
dass Sie diesen Schritt in Reiki gehen.

Bitte fragen Sie ihn,
welche Aufgaben er übernehmen wird,
wenn er mit Ihnen arbeitet.

Danken Sie ihm dafür,
dass er Ihnen hilft,
die Einweihung in den 1. Reiki-Grad zu empfangen.

Fragen Sie,
wie Sie das meiste aus dieser Einweihung ziehen können
auf **körperlicher, geistiger, spiritueller** und **emotionaler**
Ebene.

Fragen Sie,
was Sie auf jeder dieser Ebenen tun können,
um Ihre Erfahrung zu vertiefen.

Und stellen Sie alles Weitere,
was Sie ihm fragen möchten.

Ich möchte nun, dass Sie sich darauf vorbereiten,
Abschied zu nehmen …

Also gehen Sie voran:

– Sagen Sie auf Wiedersehen
– Umarmen Sie ihn
– Schütteln Sie seine Hand
– oder verbeugen Sie sich

… was immer sich richtig anfühlt.

Gehen Sie nun zurück zur Tür
und in den Korridor voller goldenen Lichts …

Schließen Sie die Tür hinter sich …
und beginnen Sie, den Flur wieder zurückzugehen …

Spüren Sie erneut den Sonnenschein …
sehen Sie den glitzernden Feenstaub …
hören Sie den Ton oder die Melodie …

Und fühlen Sie sich so wundervoll
nach dieser Erfahrung …

Beachten Sie alles auf dem Boden …
den Wänden …

… der Decke …
Gehen Sie den Flur ganz bis zum Ende entlang …
zurück durch die Tür …
hinein in den runden Raum …
und schließen Sie die Tür hinter sich …

In einem Moment werde ich Sie **drei tiefe Atemzüge** nehmen
lassen …

Während Sie **einatmen**, möchte ich, dass Sie sich vorstellen,
wie die **Reiki-Energie des 1. Grades**
bis auf die **Zellebene** hinuntergeht …

Während Sie **ausatmen**,
soll Ihre Absicht sein, **jede einzelne Zelle bis hinunter zur
DNA**
auf den **1. Reiki-Grad** zu programmieren …

Einatmen – Reiki-Energie des 1. Grades
hinunter bis auf die **Zellebene** …

Ausatmen – jede Zelle, bis zur **DNA**,
wird mit Reiki-Energie des 1. Grades programmiert …

Einatmen – Reiki-Energie des 1. Grades
bis auf die Zellebene …

Ausatmen – jede einzelne Zelle
bis hinunter zur DNA
ist auf den 1. Reiki-Grad eingestimmt …

Noch einmal:

Einatmen – Reiki-Energie des 1. Grades
hinunter bis auf die Zellebene …

Ausatmen – jede Zelle ist auf den
1. Reiki-Grad eingestimmt …

Lassen Sie nun jeden Schüler über seine Erfahrung sprechen
– darüber, wen er als seinen Reiki-Meister getroffen hat.

Reiki 21-Tage-Reinigung

Es gibt keinen Lebensbereich, den Reiki nicht beeinflusst oder verändern kann.
Reiki unterstützt dabei, **Ziele und Wünsche in die Manifestation zu bringen**.
Es wirkt heilend auf Beziehungen.
Überall dort, wo **Ungleichgewicht oder Disharmonie** besteht, stellt diese Energie **Ordnung und Stabilität** wieder her.

Körperliche Reinigung

Wenn Reiki den physischen Körper reinigt, können **grippeähnliche Symptome** auftreten.
Leichte Beschwerden können sein:

- Muskelkater
- Fieber
- Kopfschmerzen
- Halsschmerzen
- vermehrter Schleim
- Husten
- Verstopfung
- Durchfall
- veränderte Geruchsbildung von Urin oder Stuhl
- Druck oder Schmerzen im Körper
- Kribbeln
- Übelkeit
- Schwindelgefühle oder Drehgefühle in den Chakren, während Reiki sie öffnet, reinigt und ausgleicht

Um die Symptome zu lindern:

- Selbstbehandlungen durchführen
- lange Spaziergänge machen
- den ganzen Körper leicht bewegen
- tief atmen
- viel **gefiltertes Wasser** trinken
- leichte, nährende Mahlzeiten essen (frisches Obst und Gemüse)
- Entsaften oder leichtes Fasten kann ebenfalls hilfreich sein

Emotionale Reinigung

Während der Reinigung des emotionalen Körpers können **tief sitzende Emotionen ohne erkennbaren Anlass** an die Oberfläche kommen:

- Wut
- Frustration
- Trauer
- Angst
- Traurigkeit
- u. a.

Diese Emotionen wurden oft aus früheren Lebenserfahrungen oder aus diesem Leben **verdrängt oder unterdrückt**.
Sie werden jetzt aus der Tiefe Ihrer körperlichen Matrix – **aus der Zellebene von Körper und Geist** – freigesetzt.

Geben Sie **niemandem die Schuld** für diese Gefühle.
Erleben Sie sie, wenn sie auftauchen, und lassen Sie sie ziehen.

Zur Linderung der Symptome:

- Eine Hand auf die Stirn und die andere auf den Nabel legen
- Einatmen und weißes Licht durch das Kronenchakra einströmen lassen,
  wie es im ganzen Körper kreist und alle emotionalen Rückstände sammelt
- Kraftvoll ausatmen und visualisieren, wie die Emotionen
  durch das Solarplexus-Chakra freigesetzt werden
- Wiederholen, bis Sie sich ruhig fühlen
- Ein langes Bad in Meersalz, Epsomsalz oder einer Mischung aus je 500 g Meersalz und Natron nehmen
  – dies entspannt und reinigt den emotionalen Körper

Mentale Reinigung

Wenn der mentale Körper gereinigt wird, können **alte Gedankenmuster, Verhaltensweisen oder Gewohnheiten** wieder auftauchen.
Auch **Suchtverlangen** können sich zeigen.
Gedanken von:

- Bewertung
- Schuldzuweisung
- Opferhaltung
- Missbrauch
- Verleugnung
- Selbstzerstörung
- Selbstmitleid

können überwiegen.

Diese Themen werden auf **allen Ebenen Ihres Seins** geheilt – aus diesem Leben und aus früheren.

Schauen Sie sie an, lassen Sie sie los, und **ersetzen Sie sie bewusst** durch positivere Gedanken.

Um die Symptome zu lindern:

- Mehr Zeit in Selbst-Reiki auf den Kopfpositionen investieren
- Dinge tun, die Ihnen guttun – sich selbst pflegen wie einen guten Freund
- Positive Affirmationen wiederholen
- Lieblingsmusik hören (dies beruhigt den Geist und mildert negative Gedankeneinflüsse)

Spirituelle Reinigung

Wenn die spirituelle Reinigung stattfindet, können Ihre **Überzeugungen erschüttert oder herausgefordert** werden:

- Über das Leben
- Über Beziehungen
- Über Religion
- Über das, was wichtig ist

Während dies geschieht, werden **Einsichten, Erkenntnisse und neue Verständnisse** klar.
Sie bilden die Grundlage für Ihre **neue, sich ständig weiterentwickelnde spirituelle Ausrichtung**.

Um die Symptome zu lindern:

- Mit Gleichgesinnten sprechen
- Inspirierende Bücher lesen
- Motivierende Audios hören
- Sich selbst mit Freundlichkeit behandeln

Sie gelangen zu **neuen Ebenen des Verständnisses.**

Während dieses Prozesses können Sie:

- sich einsam fühlen
- Angst haben, den Verstand zu verlieren

Wissen Sie, dass **alles gut ist** – dieser Prozess ist vollständig normal.
Machen Sie weiter Reiki für sich selbst; allein dies kann und wird Sie durch die Reinigung führen und Sie näher zu dem bringen, was Sie wirklich sind:

Göttlicher Geist, der die physische Welt durch einen wundervollen Körper erfährt.

Zur Linderung:

- viel gefiltertes Wasser trinken
- viele rohe Früchte und Gemüse essen
- den Körper leicht bewegen (gehen, schwimmen usw.)
- Schreiben am Tagesende – einfach aufschreiben, wie Sie sich fühlen und warum – klärt den Geist

Reiki-Selbstbehandlung – Handpositionen

Reiki heilt, indem es durch die betroffenen Bereiche des Energiefeldes fließt und sie mit **positiver Energie auflädt**.
Es erhöht die **Schwingungsfrequenz** des Energiefeldes im und um den physischen Körper, dort, wo negative Gedanken und Gefühle anhaften.

Dies führt dazu, dass die negative Energie **zerfällt und sich auflöst**.
Dadurch **klärt, begradigt und heilt** Reiki die Energiebahnen, sodass die Lebensenergie wieder frei, gesund und natürlich fließen kann.

Die Person, die Reiki empfängt, **zieht die Energie unbewusst selbst an**, und sie fließt ganz natürlich genau dorthin, wo sie am dringendsten benötigt wird.
Sobald ein ausreichend hoher Energiebedarf gedeckt ist, endet der Energiefluss automatisch.

Gott-Bewusstsein führt Reiki

Weil das göttliche Bewusstsein Reiki lenkt, kann Reiki **niemals schaden**.
Es weiß immer, was die betreffende Person braucht, und passt sich an, um die angemessene Wirkung hervorzubringen.

Man muss sich niemals fragen, ob man Reiki geben sollte oder nicht –
Reiki ist immer hilfreich.

Der Praktizierende lenkt nicht – daher keine karmische Übernahme

Der Reiki-Praktizierende **entscheidet nicht**, was geheilt wird oder woran gearbeitet werden soll.
Weil der Praktizierende nicht derjenige ist, der die Heilung bewirkt, besteht auch **keine Gefahr**, das Karma des Klienten zu übernehmen.

Da das Ego nicht "heilen" muss, ist es viel leichter, **zur Seite zu treten** und Gottes Präsenz hindurchscheinen zu lassen.

Energie des Praktizierenden wird nie erschöpft

Die Energie des Reiki-Praktizierenden wird **niemals erschöpft**, da Reiki ein **kanalisierter** Heilstrom ist.

Die Reiki-Intelligenz betrachtet sowohl Praktizierenden als auch Empfänger als heilungsbedürftig –
daher erhalten **beide** Behandlung.

Darum führt das Geben einer Reiki-Behandlung immer dazu, dass:

- die eigene Energie zunimmt,
- ein Gefühl von Liebe, Frieden und Wohlbefinden entsteht,
- der Praktizierende **gestärkt** aus der Sitzung hervorgeht.

Der Reiki-Praktizierende ist nur das Gefäß

Der Reiki-Praktizierende ist lediglich das **Fahrzeug**, durch das die Energie übertragen wird.

Der Empfänger jedoch ist immer derjenige, der **sich selbst erlaubt**, geheilt zu werden.

INFORMATIONEN EMPFANGEN WÄHREND EINER REIKI-BEHANDLUNG

Da Sie sich während des Reiki-Gebens in einem **höheren intuitiven Bewusstseinszustand** befinden, können Sie intuitive Eindrücke oder Erkenntnisse über den Klienten, dessen Zustand oder mögliche Veränderungen erhalten, die ihre Gesundheit verbessern könnten.

Teilen Sie dem Klienten diese Informationen einfach mit – **in dem Wissen, dass er selbst für seine Heilung verantwortlich ist.**

Arten von Reiki-Sitzungen:

- **Selbst-Reiki-Behandlung**

Reiki-Selbstbehandlung

Selbstheilung ist der **entscheidende erste Schritt**, um zu einem Reiki-Kanal zu werden.
Man kann anderen nur das geben, was man bereit ist, sich selbst zu geben. **Liebe und heile dich zuerst.**

Tägliche Selbstbehandlungen stärken deine Gesundheit, und die Energie deiner Lebenskraft wird mit jeder Sitzung wieder aufgeladen.

Du kannst Reiki praktizieren, während du liest, Musik hörst oder sogar fernsiehst.

Je häufiger du die Reiki-Energie nutzt, desto **leichter und kraftvoller** wird sie durch dich fließen.

Nach dem Erhalt des ersten Grades muss sich dein Energiesystem an die höheren Schwingungsebenen anpassen. Diese Energie balanciert sich innerhalb von zwei bis drei Monaten aus.
Tägliche Selbstbehandlungen werden empfohlen, um mögliche Anpassungserscheinungen zu reduzieren.

Reiki-Atemübung

1. **Machen Sie es sich bequem**, indem Sie sich hinlegen oder setzen, und schließen Sie dann die Augen. Achten Sie auf den Rhythmus Ihres Atems.

2. **Platzieren Sie intuitiv Ihre Hände** auf zwei Ihrer Chakra-Zentren.

3. **Lenken Sie nun Ihren Atem** – stellen Sie ihn sich als Universelle Lebensenergie vor – bewusst **durch Ihre Hände in die Chakra-Zentren.** Spüren Sie, wie sich Entspannung und Frieden langsam in Ihrem Körper ausbreiten.

4. **Nach etwa 5 Minuten** legen Sie Ihre Hände auf zwei andere Chakra-Zentren und atmen erneut bewusst die Lebensenergie durch Ihre Hände.

5. **Beobachten Sie Ihren Atem.** Hat er sich verändert? Lassen Sie einfach das „Gefühl des Fließens" geschehen.

6. **Fahren Sie mit den Handpositionen fort**, bis Sie alle sieben Chakren behandelt haben. Achten Sie weiterhin bewusst auf Ihren Atem.

7. **Öffnen Sie langsam Ihre Augen.** Sie werden sich entspannter, ruhiger und mehr in Ihrer Mitte fühlen.

Schnelle Energieübung (Quick Energizer)

1. **Setzen oder legen** Sie sich hin.
2. **Platzieren Sie eine Hand** auf Ihrem Solarplexus- (3.) Chakra.
3. **Legen Sie die andere Hand** direkt darunter auf Ihren Bauch.
4. **Schließen Sie die Augen**, entspannen Sie Ihre Hände und lassen Sie Ihre Gedanken treiben.
5. **Verbleiben Sie 10–15 Minuten** in dieser Position.
6. **Öffnen Sie Ihre Augen.** Sie werden sich verjüngt, erfrischt und voller vitaler Energie fühlen.

Schlafhilfe

Legen Sie sich **auf den Rücken oder die Seite in eine bequeme Position.**

1. **Platzieren Sie eine Hand** auf Ihrem Milz- (2.) Chakra und **die andere Hand** auf Ihrem Stirn- bzw. Dritten-Auge- (6.) Chakra. Beobachten Sie, wie sich Ihr Bauch beim Atmen hebt und senkt.
2. **Verbleiben Sie in dieser Position**, bis die Reiki-Energie ein Gefühl tiefer Entspannung erzeugt.

Reiki-Selbstbehandlung – Ganzkörper

POSITIONEN FÜR DIE SELBSTBEHANDLUNG

1. **Reiben Sie Ihre Hände** aneinander, um die Reiki-Energie an die Oberfläche Ihrer Hände zu bringen.
2. **Legen Sie eine Hand** auf Ihr Solarplexus- (3.) Chakra und **die andere Hand** auf Ihr Milz- (2.) Chakra.
3. **Rufen Sie Ihren Reiki-Meister in der Geistigen Welt** und Ihr Höheres Selbst an, um Sie in dieser Behandlung zu unterstützen. Wenn Sie in den 2. oder 3. Grad eingeweiht sind, verwenden Sie jetzt die Symbole.
4. **Bitten Sie darum**, dass die Reiki-Energie auf der höchsten Ebene durch Sie fließt, die Ihnen *in diesem Moment* dient.
5. **Fahren Sie mit den folgenden Handpositionen fort:**

DER KOPF

Position Nr. 1
Legen Sie Ihre Hände über Ihr Gesicht.

Position Nr. 2
Legen Sie Ihre Hände auf den oberen Teil Ihres Kopfes, sodass sich Ihre Mittelfinger über dem Kronen- (7.) Chakra berühren.

Position Nr. 3
Schalen Sie Ihre Hände an der Schädelbasis – wahlweise in einer der üblichen Positionen.

Position Nr. 4
Formen Sie ein „V" an Ihrem Hals, wobei die Handballen vorne anliegen.

DER VORDERKÖRPER

Position Nr. 1
Legen Sie Ihre Hände oberhalb der Brustlinie ab, mit den Fingern, die sich in der Mitte berühren.

Position Nr. 2
Legen Sie Ihre Hände über Ihre Brust, sodass sich die Fingerspitzen in der Mitte treffen – Herz- (4.) Chakra.

Position Nr. 3
Legen Sie beide Hände **über den Nabel** – Solarplexus- (3.) Chakra.

Position Nr. 4
Legen Sie beide Hände **unter den Nabel** – Milz- (2.) Chakra.

Position Nr. 5
Legen Sie Ihre Hände in einer „V"-Form in Richtung Leistenbereich – Wurzel- (1.) Chakra.

DER RÜCKEN

Position Nr. 1
Legen Sie Ihre Hände um den Nacken – Hals- (5.) Chakra.

Position Nr. 2
Greifen Sie über den Körper und legen Sie jeweils eine Hand über die gegenüberliegende Schulter.

Position Nr. 3

Führen Sie Ihre Hände um den Rücken herum, sodass sich die Fingerspitzen in der Mitte berühren.

Position Nr. 4

Legen Sie Ihre Hände nebeneinander **knapp über die Taille** – Solarplexus- (3.) Chakra.

Position Nr. 5

Legen Sie Ihre Hände nach unten gerichtet über das Steißbein – Wurzel- (1.) Chakra.

Position Nr. 6

Leiten Sie die Reiki-Energie Ihre Arme hinunter und aus Ihren Fingern heraus.
Visualisieren Sie, wie die negative Energie in die Erde abgeleitet wird.

Position Nr. 7

Leiten Sie die Reiki-Energie Ihre Beine hinunter und visualisieren Sie, wie die negative Energie in die Erde abgegeben wird.

Position Nr. 8

Legen Sie Ihre Hände an die Fußsohlen.

ABSCHLUSS EINER SELBSTBEHANDLUNG

Sagen Sie:

„Ich bitte darum, dass diese Reiki-Energie weiterhin meinen oberen mit meinem unteren Bereich, meinen vorderen mit meinem hinteren Bereich, mein Inneres mit meinem Äußeren, meine linke Seite mit meiner rechten Seite sowie mein Yin mit meinem Yang heilt, harmonisiert und ausgleicht.
Ich bitte auch darum, dass diese Reiki-Energie weiterhin meinen Körper, meinen Geist, meinen Spirit und meine Emotionen heilt, harmonisiert und ausgleicht."

Reiki Level 1 – Hausaufgaben für Lehrlinge

1. Was haben Sie aus jedem der drei Reiki-Grade gelernt?

_____

_____

_____

2. Was sind die vier Wunder des Reiki?

_____

_____

_____

_____

3. Was sind die fünf Prinzipien des Reiki?

_____

_____

_____

_____

_____

4. Beschreibe deine Meditation, in der du deinem Reiki-Meister im Geist begegnet bist.

_____

_____

_____

_____

_____

_____

_____

_____

_____

_____

_____

_____

_____

_____

_____

_____

_____

_____

_____

_____

_____

_____

_____

_____

_____

_____

_____

5. Übe das Zeichnen der Symbole und die Selbst-Reiki-Behandlungen.

REIKI LEVEL 2 – DER PRAKTIZIERENDE

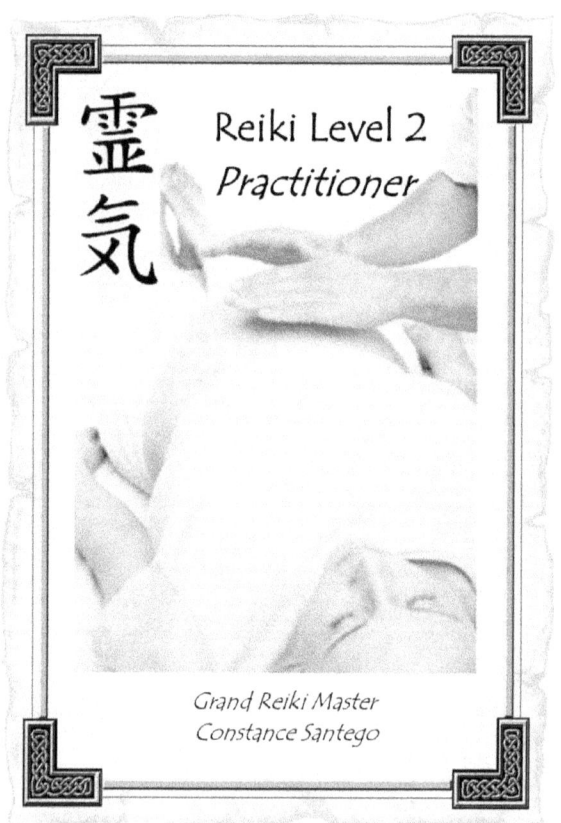

Stufe 2: Okuden

Okuden, was „Innere Lehren" oder „Verborgene Lehren"
bedeutet, ist die mittlere Stufe der Reiki-Ausbildung.
Sie führt in die Reiki-Symbole ein sowie in fortgeschrittene
Techniken für mentale, emotionale und Fernheilung.

Reiki Level 2 – Unterrichtsplan
Drei Live-Unterrichtseinheiten à 3 Stunden

1. Unterrichtseinheit

⋄ Gespräch über mentale und emotionale Heilung

Zweiter Teil der 1. Unterrichtseinheit
Anhören und Abonnieren:
Teil 1: https://youtu.be/qwPO1WVufUc
Teil 2: https://youtu.be/59V4TLr69Jc

Oder:
Die „Apprentice"-Meditation lesen

- Den 1. Teil der Meditation vorlesen
- Die Symbole der Stufe 2 auf jeden Schüler zeichnen
- Die Meditation beenden

⋄ Anschließend berichtet jeder Schüler über seine Erfahrungen

2. und 3. Unterrichtseinheit

Üben des Gebens und Empfangens von Reiki

- Aneinander
- Fernreiki
- Mentale Heilung
- Emotionale Heilung

- Reiki an Pflanzen, Kindern und Erste-Hilfe-Anwendungen
- Sowie alle anderen Sitzungen, die in *Secrets of a Healer – Magic of Reiki (Vol X)* gelehrt werden

Reiki Zweiter Grad

Die Einweihung in den Zweiten Grad Reiki hat eine besondere Wirkung auf das Chakrasystem. Die Einweihung öffnet den Reiki-Kanal zwischen dem Herzchakra (4.) und dem Kronenchakra (7.). Die unteren Chakren – Wurzelchakra (1.) bis Solarplexuschakra (3.) – werden während der 21-tägigen Reinigungsperiode an die höhere Reiki-Energie angepasst.

Der Zweite Grad Reiki gibt Ihnen eine Technik, um heilende Energie in nicht-physische Dimensionen zu senden. Dies wird als **Fernheilung** bezeichnet.

Darüber hinaus lernen Sie eine Methode, um tief sitzende emotionale und mentale Probleme zu lösen. Die „**Mentale Heilung**" ermöglicht es Ihnen, das Unterbewusstsein und das Höhere Selbst zu kontaktieren, um Heilung über den Geist zum Empfänger zu bringen. Probleme wie Schlaflosigkeit, Abhängigkeiten, Depressionen und Nervosität können mit dieser Methode behandelt werden.

Mit dem Zweiten Grad Reiki werden Ihre Heilkräfte deutlich verstärkt, was das Stirnchakra (6.) stimuliert. Dies hilft, Ihre intuitiven Fähigkeiten zu entwickeln und ermöglicht es Ihnen, Botschaften viel leichter zu empfangen.

Die vertraulichen Reiki-Symbole und die dazugehörigen Mantras erhöhen Ihre Energie und erzeugen eine höhere Schwingung in Ihnen. Die Anwendung dieser Symbole bringt eine große Verantwortung mit sich und sollte nur gelehrt werden, wenn der Reiki-Meister weiß, dass Sie verantwortungsvoll genug sind, mit ihnen zu arbeiten.

Ihr Reiki-Meister in der Geistigen Welt

Wie im Reiki Level 1 ... gibt es auch in Level 2 eine Einweihung in die Energie des zweiten Grades.

Jeder erhält einen Reiki-Meister in der Geistigen Welt, dessen Aufgabe es ist, Ihnen bei der Durchführung einer Reiki-Sitzung zu helfen. Ihr Reiki-Meister wird Ihnen während der Einweihung in die Reiki-Energie gezeigt. Die meisten Menschen behalten ihren ursprünglichen Reiki-Meister, aber viele meiner Schüler haben erlebt, dass sich der Meister auf verschiedenen Stufen verändert.

Ihren Meister zu treffen ist eine ganz besondere Erfahrung. Manche spüren ein wunderbares Kribbeln, manche sehen schöne Farben und Bilder, manche hören Musik und manche **wissen** es einfach. Sie werden Ihrem Reiki-Meister durch eine Meditation begegnen, die Ihnen von Ihrem Reiki-Meister – im Unterricht oder online über YouTube – vorgelesen wird. Ihr Reiki-Meister wird immer in einer Form zu Ihnen kommen, die Sie gut annehmen können.
Genießen Sie die Meditation.

Level-2-Meditation Für Die Einweihung

Sie haben die Wahl:

1. **Hören Sie die Level-2-Meditation auf YouTube an:**
   Teil 1: https://youtu.be/qwPO1WVufUc
   Teil 2: https://youtu.be/59V4TLr69Jc

Oder

2. **Im Unterricht:**
   a. Lesen Sie den ersten Teil der Meditation.
   b. Zeichnen Sie die Reiki-Symbole auf das Kronenchakra, das Herzchakra und auf beide Handflächen jedes Schülers
   (während Sie das Hui Yin halten und eine Nierenatmung durchführen).
   c. Lesen Sie den zweiten Teil der Meditation.
   d. Führen Sie das Wasserritual durch
   (zeichnen Sie die Symbole über das Zitronenwasser).
   e. Sprechen Sie die **Raku-Kei-Affirmation**.

Teil „Eins" der Level-2-Einweihungsmeditation

Lesen Sie diese Meditation:

„Schließen Sie Ihre Augen... machen Sie es sich bequem...
werden Sie ganz entspannt...
Nehmen Sie einen tiefen Atemzug bis ganz hinunter in die
unteren Bereiche Ihrer Lungen...
Jetzt lassen Sie Ihren Atem langsam und vollständig
ausströmen...

Richten Sie nun Ihre Aufmerksamkeit hinter Ihre Augen...
entspannen Sie alle Muskeln in Ihren Augen...
Entspannen Sie sie vollständig... entspannen Sie sie so sehr,
dass sie sich einfach nicht öffnen wollen...
Und jetzt, da sie entspannt sind, testen Sie sie... wenn sie
entspannt sind, öffnen sie sich einfach nicht...
Gut...

Jetzt nehmen Sie einen weiteren tiefen Atemzug... spüren
Sie, wie er jeden Teil Ihrer Lungen ausdehnt...
Nun atmen Sie langsam und vollständig aus...
Lassen Sie diese Entspannung in Ihren Augenmuskeln den
ganzen Weg bis hinunter zu Ihren Zehen gehen...
Lassen Sie ganz los. Nutzen Sie Ihre Vorstellungskraft...

Bereiten Sie sich jetzt darauf vor, über sich selbst
hinauszugehen...
Von diesem Punkt an lassen Sie alle Außengeräusche Ihre
Aufmerksamkeit auf meine Stimme erhöhen...
Lassen Sie meine Stimme Ihre Stimme sein...

Entspannen Sie Ihre Zehen vollständig…
Richten Sie Ihre gesamte Aufmerksamkeit auf Ihre Füße.
Lassen Sie los…
Alle Muskeln in Ihren Beinen… konzentrieren Sie sich jetzt
darauf, sie zu entspannen…
Ihre Unterschenkel… und Ihre Oberschenkel…

Konzentrieren Sie sich nun darauf, Ihre Hüften zu
entspannen… Ihren Unterbauch… und Ihren Magen…
Entspannen Sie Ihren unteren Rücken… entspannen Sie Ihren
Brustkorb… und Ihren oberen Rücken…

Sie schlafen nicht ein… Sie sind sich weiterhin völlig bewusst,
was geschieht…
Sie können meine Stimme klar hören…

Jetzt entspannen Sie alle Muskeln in Ihren Schultern und
Ihrem Nacken…
Entspannen Sie Ihre Arme… bis hinunter zu Ihren
Fingerspitzen…

Konzentrieren Sie sich jetzt darauf, Ihren Kiefer zu
entspannen…
Lassen Sie ihn frei… entspannen Sie Ihre Zunge…

Entspannen Sie nun alle Muskeln in Ihrem Gesicht… Ihren
Mund… Ihre Augen… Ihren Kiefer… und Ihre Stirn…

Sie sind jetzt sehr tief entspannt… nicht von der Realität
getrennt…
Sie sind sehr im Einklang mit allem, was ich sage…
vollkommen bewusst Ihrer Umgebung…
Nur sehr, sehr tief entspannt…

Nun haben Sie einen Zustand tiefer körperlicher Entspannung erreicht.
Jetzt konzentrieren wir uns auf die tiefe geistige Entspannung…

Für die geistige Entspannung werde ich langsam von 100 bis 98 zählen, damit Sie mit jeder Zahl Ihre Entspannung verdoppeln können.
Wenn Sie 98 erreichen, lassen Sie die Zahl einfach verschwinden.

Los geht's…
100… verdoppeln Sie jetzt Ihre Entspannung, lassen Sie einfach los…
99… verdoppeln Sie Ihre Entspannung noch einmal, noch tiefer entspannt…
98… verdoppeln Sie Ihre Entspannung ein weiteres Mal…

Jetzt lassen Sie die Zahlen verschwinden…
Lassen Sie sie sich auflösen…

Dies ist ein schöner Zustand der Entspannung…
Nicht von der Realität getrennt… tief im Einklang mit allem, was ich sage…
Vollständig Ihrer Umgebung bewusst… nur sehr fokussiert auf meine Stimme…
Alle Geräusche erhöhen Ihre Aufmerksamkeit…

Wiederholen Sie mental die folgende Affirmation:

„Im Reich des Geistes bin ich unbegrenzt."
(Wiederholen Sie dies 6-mal.)

Beim nächsten Mal, wenn Sie in die Meditation gehen,
werden Sie noch tiefer gehen…
Es wird noch besser wirken… schneller… tiefer.

Jetzt werden Sie sich Ihrer höheren Seite zuwenden…
Reiner Geist… ein Lichtwesen…

Sie sind nicht Ihr Körper.
Richten Sie Ihre Aufmerksamkeit auf Ihre Zehen.
Nehmen Sie wahr, dass Sie Zehen haben… und dass sie
entspannt sind…
aber Sie sind nicht Ihre Zehen…

Nehmen Sie jetzt Ihre Füße wahr… und Ihre Unterschenkel…
und Ihre Oberschenkel…
Auch das sind Sie nicht…

Während Sie sich immer mehr entspannen, richten Sie Ihre
Aufmerksamkeit weiter auf meine Stimme…

Nehmen Sie wahr, dass Sie Hüften haben, aber Sie sind nicht
Ihre Hüften…
Nehmen Sie Ihren Magen wahr… Ihren Brustkorb… und Ihre
Atmung… hinein und hinaus…
Sie sind nicht Ihr Magen… und Sie sind nicht Ihr Brustkorb…
und Sie sind nicht Ihre Atmung…

Nehmen Sie Ihren gesamten Rücken wahr… auch das sind
nicht Sie.

Nehmen Sie Ihre Schultern wahr…
Sie wissen, dass sie da sind… sie gehören Ihnen…

Aber Sie sind nicht Ihre Schultern… und Sie sind auch nicht Ihre Arme.

Nehmen Sie Ihren Nacken wahr…
Aber Sie sind nicht Ihr Nacken…

Lenken Sie Ihr Bewusstsein jetzt auf Ihren Kiefer…
Sie sind nicht Ihr Kiefer.
Sie sind nicht Ihre Zunge…
und Sie sind auch nicht die Muskeln in Ihrem gesamten Gesicht…
einschließlich Ihrer Nase… Ihrer Augen… und Ihres Mundes…
Auch das sind Sie nicht…

Nehmen Sie jetzt Ihre Gedanken wahr…
Sie haben Gedanken… aber Sie **sind nicht** Ihre Gedanken…

Gehen Sie jetzt noch tiefer…
Geben Sie mir Ihre volle Aufmerksamkeit…
Konzentrieren Sie sich auf meine Stimme.

Es ist jetzt an der Zeit, Ihre Schwingung zu erhöhen – mit Gefühlen von Liebe und starken positiven Gedanken.
Das können Sie tun, indem Sie sich mit einem wunderschönen, schützenden weißen Licht umgeben.

Dieses weiße Licht steht für Wahrheit… Vergebung… Ihr höchstes Bild der Quelle… und alles Gute.
Stellen Sie sich dieses weiße Licht jetzt vor, wie es in Ihrem Herzen zu strahlen beginnt.

Lassen Sie dieses weiße Licht in Ihrem Herzen leuchten…
Lassen Sie es stärker werden.
Spüren Sie seine Wärme und Reinheit.

Lassen Sie es sich ausdehnen und aus Ihrem Herzen
herausstrahlen, sodass es Ihren ganzen Körper einhüllt…
Sie vollständig umgibt… in einem Kokon aus reinem,
lebendigem weißen Licht…

Dieses weiße Licht ist die perfekte Präsenz der Quelle.
Vielleicht sehen Sie es… vielleicht fühlen Sie es… vielleicht
nehmen Sie es nur wahr…
Aber alles, was Sie wirklich tun müssen, ist zu **wissen**, dass es
da ist.
Es wird immer bei Ihnen bleiben.

Sie haben jetzt dieses schützende weiße Licht um sich herum,
sodass Ihr Unterbewusstsein nur für Vorschläge offen ist, die
hilfreich und wohltuend für Sie sind…

Baden Sie sich im weißen Licht…
Nehmen Sie wahr, dass **Sie** Licht sind…

Sie sind reiner Geist…
Ein zutiefst geliebtes Kind der Quelle…
Jenseits von Zeit und Raum.

Spüren Sie, wie Ihr Licht sich ausdehnt…
Lassen Sie Ihr Licht in die Unendlichkeit ausstrahlen…

Sie sind reines Licht…
Unconditional pure love… pure compassion… pure
forgiveness.

Sie sind jenseits des Jenseits...
Sie sind eins mit dem Universum."

Den Schüler einweihen:

1. Während der Schüler sein „**Hui Yin**" hält, öffnen Sie sein Kronenchakra mit dem **Raku-Symbol** und zeichnen dann das **Reiki-Level-2-Symbol – Sei He Ki** in sein Kronen-, Herz- und Handflächenchakra.
2. Nun nimmt der Schüler eine „**Nierenatmung**".
3. Schließen Sie sein Kronenchakra mit dem **Raku-Symbol**...
4. Dann fahren Sie mit dem zweiten Teil der Meditation fort...

Reiki Stufe 2 Symbole

Machen Sie sich nicht zu viele Sorgen über die verschiedenen Varianten, wie die Symbole geschrieben werden. Es gibt viele japanische Symbole und viele Reiki-Meister, die wiederum andere Symbole verwenden.

Ein japanisches Symbol ist dasselbe wie ein geschriebenes Wort im ABC. Es trägt dieselbe Kraft der Absicht.

Es spielt keine Rolle, ob Sie das Symbol zeichnen, das Wort schreiben oder es laut aussprechen – auf Englisch, Japanisch oder in irgendeiner anderen Sprache. Für Ihren Reiki-Meister im Geist ist es immer dasselbe.

Wählen Sie die Methode, die sich für Sie am besten anfühlt, um die Absicht für die Nutzung der Ki-Energie auszudrücken.

Reiki-Symbole anwenden:

Sei He Ki und Hon Sha Ze Sho Nen

Reiki-Symbole wie **Hon Sha Ze Sho Nen** und **Sei He Ki** sind kraftvolle Werkzeuge in der Energieheilung, und es gibt mehrere Möglichkeiten, sie während einer Sitzung zu verwenden. Jede dieser Methoden kann das Symbol und seine Energie aktivieren.

Hier erfahren Sie, wie man sie **ausspricht, denkt, sieht oder zeichnet**:

1. Die Symbole aussprechen

Sei He Ki (Say-Hey-Key):

- **Verbale Anrufung:** Sagen Sie „Sei He Ki", um sich auf emotionale und mentale Heilung zu konzentrieren. Das Wiederholen des Namens verstärkt die Intention.
- **Affirmation:**
    o „Sei He Ki, bringe Harmonie und Balance."
    o „Sei He Ki, hilf emotionale Blockaden zu lösen."

Hon Sha Ze Sho Nen (Hon-Sha-Zee-Show-Nen):

- **Verbale Anrufung:** Sagen Sie „Hon Sha Ze Sho Nen" laut, um seine Kraft für Fernheilung zu aktivieren. Mehrfaches Wiederholen verstärkt die Energie.
- **Affirmation:**
    o „Hon Sha Ze Sho Nen, verbinde mich über Zeit und Raum."
    o „Hon Sha Ze Sho Nen, sende Heilenergie an [bestimmte Person/Ereignis]."

2. Die Symbole denken

Sei He Ki:

- **Mentale Visualisierung:** Stellen Sie sich das Sei-He-Ki-Symbol klar in Ihrem inneren Auge vor. Visualisieren Sie die vertikale Linie und die wellenartige Querlinie.
- **Fokus:** Denken Sie an das Symbol und seine Absicht und stellen Sie sich vor, wie es mentale und emotionale Energien harmonisiert.

Hon Sha Ze Sho Nen:

- **Mentale Visualisierung:** Stellen Sie sich das Hon-Sha-Ze-Sho-Nen-Symbol in Ihrem Geist vor. Zeichnen Sie es innerlich nach, beginnend oben und folgend dem charakteristischen Kanji-Muster.
- **Fokus:** Konzentrieren Sie sich auf das Symbol und seinen Zweck, und visualisieren Sie, wie es Sie über Zeit und Raum mit dem Empfänger verbindet.

Die Symbole sehen

Sei He Ki:

- **Visuelle Hilfe:** Bewahren Sie während der Sitzung Bilder des Sei-He-Ki-Symbols in Ihrer Nähe auf. Schauen Sie diese Bilder an, um das Symbol leichter innerlich zu visualisieren.
- **Geführte Visualisierung:** Schließen Sie die Augen und sehen Sie das Symbol in Ihrem Geist leuchten, während es Harmonie in den emotionalen und mentalen Zustand bringt.

Hon Sha Ze Sho Nen:

- **Visuelle Hilfe:** Verwenden Sie Bilder oder Diagramme des Hon-Sha-Ze-Sho-Nen-Symbols als Referenz. Platzieren Sie sie in Ihrem Heilraum, um Ihren Fokus zu unterstützen.
- **Geführte Visualisierung:** Schließen Sie die Augen und stellen Sie sich das Symbol leuchtend vor sich vor, wie es Heilenergie über die Distanz ausstrahlt.

Die Symbole zeichnen

Sei He Ki:

- **Physisches Zeichnen:** Zeichnen Sie das Symbol mit der Hand in die Luft oder über den Körper des Empfängers. Beginnen Sie mit der vertikalen Linie und fügen Sie dann die wellenartige Querlinie hinzu.
- **Zeichnen auf Papier:** Zeichnen Sie das Symbol vor der Sitzung auf ein Blatt Papier, um Ihre Absicht zu setzen. Verwenden Sie diese Zeichnung als visuelle Hilfe während der Behandlung.
- **Zeichnen auf dem Körper:** Visualisieren Sie, wie Sie das Symbol auf die Stirn, das Herz oder jede andere Stelle des Empfängers zeichnen, die mit emotionalen oder mentalen Themen verbunden ist.

Hon Sha Ze Sho Nen:

- **Physisches Zeichnen:** Zeichnen Sie das Symbol mit der Hand in die Luft oder über den Körper des Empfängers. Beginnen Sie oben am Kanji-Muster und zeichnen Sie jedes Element mit bewusster Absicht.
- **Zeichnen auf Papier:** Zeichnen Sie das Symbol vor der Sitzung auf ein Blatt Papier, um Ihre Intention zu fokussieren. Legen Sie diese Zeichnung auf oder in die Nähe des Bereichs, der Fernheilung benötigt.
- **Zeichnen auf dem Körper:** Stellen Sie sich vor, wie Sie das Symbol auf den Körper des Empfängers zeichnen – über die Chakren oder den spezifischen Bereich, der Heilung benötigt – selbst wenn die Person weit entfernt ist.

Vorteile der Verwendung von Reiki-Symbolen

- **Verstärkte Heilwirkung:** Reiki-Symbole können die Heilenergie verstärken und die Sitzung für den Empfänger wirksamer machen.
- **Vielseitigkeit:**
  - Hon Sha Ze Sho Nen ermöglicht Heilung über große Entfernungen,
  - Sei He Ki unterstützt gezielt emotionale und mentale Heilung.
- **Vertiefte Intention:** Die Verwendung von Symbolen hilft Praktizierenden, ihre Absichten klarer zu fokussieren und erhöht die Wirksamkeit der Behandlung.
- **Emotionale und mentale Balance:** Sei He Ki hilft speziell, Emotionen zu harmonisieren und mentale Blockaden zu lösen, wodurch geistige Klarheit und emotionale Stabilität gefördert werden.
- **Verbindung über Zeit und Raum:** Hon Sha Ze Sho Nen erlaubt Fernheilung und macht es möglich, Reiki an Personen, Ereignisse oder Situationen zu senden – unabhängig vom Ort.
- **Ganzheitliche Heilung:** Die kombinierte Anwendung dieser Symbole ermöglicht Heilung auf körperlicher, emotionaler, mentaler und spiritueller Ebene und bietet ein umfassenderes Heilungserlebnis.

Praktische Tipps

Kombination:
Verwenden Sie eine Kombination aus Aussprechen, Denken, Sehen und Zeichnen, um eine stärkere Wirkung zu erzielen. Beispiel: Sagen Sie den Namen des Symbols laut, während Sie es visualisieren und zeichnen.

Intention:
Setzen Sie immer eine klare Absicht, bevor Sie die Symbole verwenden.
Dies bündelt die Energie und verstärkt den Heilprozess.

Übung:
Regelmäßiges Üben mit den Symbolen stärkt Ihre Fähigkeit, sie effektiv einzusetzen.
Integrieren Sie sie in Ihre tägliche Routine, um mit ihrer Energie vertrauter und sicherer zu werden.

Regelmäßiges Anwenden dieser Techniken wird Ihre Verbindung zu den Symbolen vertiefen und Ihre Reiki-Praxis verstärken.

Sei He Ki (Say Hey Key) – Reiki-Symbol

Sei He Ki, ausgesprochen *„Say Hey Key"*, ist ein weiteres bedeutendes Reiki-Symbol, das vor allem für die **emotionale und mentale Heilung** verwendet wird.
Es wird oft als **Harmonie-Symbol** oder **Mental-/Emotional-Symbol** bezeichnet.

Dieses Symbol hilft dabei, die **rechte und linke Gehirnhälfte auszugleichen**, was geistige Klarheit und emotionale Stabilität fördert.

Beschreibung

Das **Sei He Ki**-Symbol sieht aus wie eine Welle oder ein seitlicher Blitz, der von einer vertikalen Linie durchkreuzt wird.
Manche interpretieren es als Darstellung der **beiden Gehirnhälften** oder der **Harmonie zwischen Geist und Körper**.

Das Symbol ist detailreich und kann während einer Reiki-Sitzung **visualisiert oder gezeichnet** werden, um seine heilenden Eigenschaften zu aktivieren.

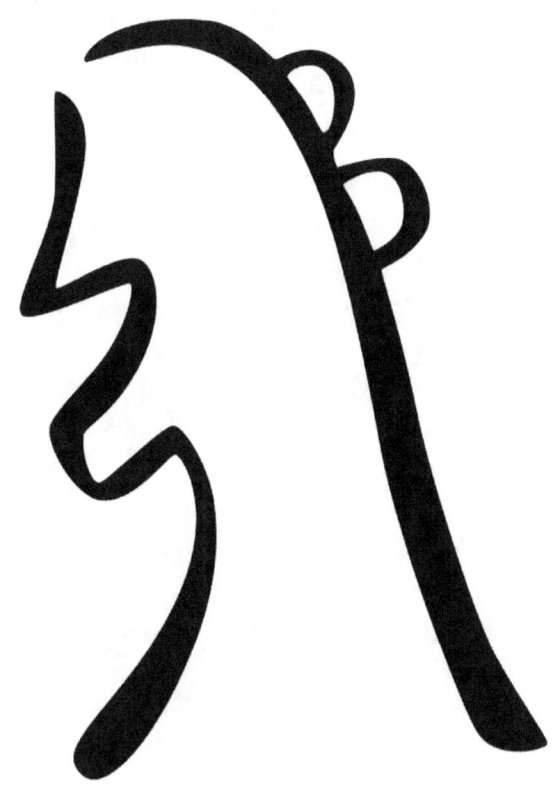

Anwendungen in der emotionalen und mentalen Heilung

Sei He Ki wird speziell verwendet für:

1. **Emotionale Balance:**
   Es hilft, emotionalen Stress loszulassen und Frieden sowie Ruhe zu fördern.
   Es kann bei Themen wie Angst, Depression oder emotionalem Trauma eingesetzt werden.

2. **Mentale Klarheit:**
   Es unterstützt das Lösen mentaler Blockaden und
   verbessert Fokus und Konzentration.
   Besonders hilfreich bei Stress, Verwirrung oder
   geistiger Erschöpfung.

3. **Süchte und negative Gewohnheiten:**
   Es hilft, negative Muster oder Abhängigkeiten zu
   lösen, indem die zugrunde liegenden emotionalen
   und mentalen Ursachen angesprochen werden.

4. **Beziehungen:**
   Es kann genutzt werden, um Beziehungen zu heilen
   und zu verbessern, indem bessere Kommunikation
   und Verständnis gefördert werden.

Wie man Sei He Ki in einer Heilbehandlung verwendet

1. **Vorbereitung:**
   Wie bei jeder Reiki-Sitzung beginnen Sie damit, sich
   zu zentrieren und mit der Reiki-Energie zu verbinden.
   Setzen Sie eine klare Absicht für emotionale oder
   mentale Heilung.

2. **Das Symbol zeichnen:**
   Visualisieren oder zeichnen Sie das Sei-He-Ki-Symbol
   auf den Körper des Klienten, in die Luft oder mental.
   Beginnen Sie mit der vertikalen Linie und fügen Sie
   dann die wellenartige Querlinie hinzu.

3. **Auf das Thema fokussieren:**
   Konzentrieren Sie sich auf das spezifische emotionale
   oder mentale Thema, das geheilt werden soll.
   Halten Sie die Absicht klar in Ihrem Geist.

4. **Energie kanalisieren:**
   Leiten Sie die Reiki-Energie durch Ihre Hände und
   lassen Sie das Sei-He-Ki-Symbol die Energie zu den

Bereichen des Gehirns oder Körpers führen, wo sie benötigt wird.

5. **Affirmationen und Visualisierung:**
   Verwenden Sie positive Affirmationen und Visualisierungstechniken, um den Heilungsprozess zu verstärken.
   Stellen Sie sich vor, wie negative Emotionen oder Gedanken geklärt werden und stattdessen positive, harmonische Energie einfließt.

Vorteile der Anwendung von Sei He Ki

- **Emotionale Entlastung:**
  Hilft, aufgestaute Emotionen loszulassen und vermittelt ein Gefühl von Erleichterung und Ruhe.
- **Mentale Klarheit:**
  Verbessert Fokus und geistige Schärfe, unterstützt bei Entscheidungen und Problemlösungen.
- **Stressreduktion:**
  Lindert Stress und Angstzustände und fördert das allgemeine mentale Wohlbefinden.
- **Verbesserte Beziehungen:**
  Fördert bessere zwischenmenschliche Beziehungen, indem emotionale Blockaden gelöst und die Kommunikation verbessert werden.

Praktische Anwendungen

- **Tägliche Praxis:**
  Praktizierende können Sei He Ki täglich für sich selbst anwenden, um emotionale und mentale Balance aufrechtzuerhalten.

- **Heilsitzungen:**
  Verwenden Sie Sei He Ki in Reiki-Behandlungen, um Klienten bei emotionalen und mentalen Themen zu unterstützen.
- **Fernheilung:**
  Das Symbol kann in der Fernheilung eingesetzt werden, um emotionale und mentale Heilenergie an jemanden zu senden, der nicht physisch anwesend ist.
- **Affirmationen:**
  Kombinieren Sie das Symbol mit positiven Affirmationen für verstärkte Wirkung.

Sei He Ki ist ein kraftvolles Symbol im Reiki, das der **emotionalen und mentalen Heilung** gewidmet ist.
Durch die Anwendung dieses Symbols können Praktizierende ihren Klienten helfen, **emotionale Balance, mentale Klarheit** und **ganzheitliches Wohlbefinden** zu erreichen.
Das Verständnis und die wirksame Nutzung von Sei He Ki können den Heilungsprozess erheblich vertiefen und sowohl für den Praktizierenden als auch für den Empfänger tiefgreifende Vorteile bringen.

Das Sei He Ki Reiki-Mantra

Sei He Ki (ausgesprochen *„Say-Hay-Key")* ist eines der heiligen Symbole des Reiki **Level 2 (Okuden)**.
Es ist als **emotionales und mentales Heilungssymbol** bekannt und hilft, Geist und Emotionen zu harmonisieren.
Das zugehörige Mantra verstärkt seine Heilkraft und Effektivität.

Bedeutung und Zweck von Sei He Ki

- **Emotionale Balance:**
  Sei He Ki wird hauptsächlich eingesetzt, um emotionale und mentale Themen zu heilen.
  Es hilft, emotionale Blockaden zu lösen, Stress abzubauen und geistige Klarheit zu fördern.
- **Harmonie und Schutz:**
  Dieses Symbol bringt Harmonie in emotionale und mentale Zustände und schützt vor negativen Energien und Einflüssen.
- **Verbesserung des Gedächtnisses:**
  Sei He Ki kann auch verwendet werden, um das Gedächtnis zu stärken und den Lernprozess zu verbessern.

Wie man das Sei He Ki Mantra anwendet

1. Das Symbol zeichnen:

- **Das Sei He Ki-Symbol** wird auf eine bestimmte Weise gezeichnet:
  Man beginnt normalerweise mit einer vertikalen Linie, gefolgt von wellenförmigen Linien, die diese kreuzen. Das Visualisieren oder physische Zeichnen des Symbols während des Mantras verstärkt seine Wirkung.

2. Das Mantra sprechen bzw. chanten:

- **Wiederholung:**
  Wiederholen Sie das Mantra **„Sei He Ki"** leise oder laut. Mehrfaches Chanten aktiviert die Energie des Symbols und stärkt Ihre Intention.

- **Fokus:**
  Während Sie chanten, richten Sie Ihre
  Aufmerksamkeit auf den Bereich, der emotionale oder
  mentale Heilung benötigt.
  Stellen Sie sich vor, wie Heilenergie in diesen Bereich
  fließt und Harmonie bringt.

3. Meditation:

- **Vorbereiten:**
  Setzen oder legen Sie sich bequem hin.
  Schließen Sie die Augen und atmen Sie einige Male
  tief ein und aus, um sich zu entspannen.
- **Symbol visualisieren:**
  Stellen Sie sich das **Sei He Ki**-Symbol in Ihrem inneren
  Auge vor.
  Sehen Sie es hell leuchtend.
- **Mantra chanten:**
  Beginnen Sie, „Sei He Ki" langsam und bewusst zu
  sprechen.
  Lassen Sie den Klang in Ihnen nachschwingen und
  spüren Sie die Energie, die er mit sich bringt.
- **Gezielte Intention:**
  Lenken Sie die Energie des Mantras auf Ihren
  emotionalen und mentalen Zustand
  – oder auf eine bestimmte Person oder Situation, die
  Heilung benötigt.

4. Anwendung in Heilbehandlungen:

- **Selbstheilung:**
  Legen Sie Ihre Hände auf Bereiche Ihres Körpers, in
  denen Sie emotionales oder mentales Unbehagen

spüren.

Chanten Sie „Sei He Ki" und visualisieren Sie das Symbol, wie es in diese Bereiche eintritt und sie heilt.

- **Heilung für andere:**
Zeichnen Sie während einer Reiki-Behandlung das **Sei He Ki**-Symbol über den Körper oder die betroffene Stelle des Empfängers.

Chanten Sie das Mantra und visualisieren Sie die heilende Energie, die emotionale und mentale Balance bringt.

Vorteile der Verwendung des Sei He Ki Mantras

1. Emotionale Entlastung

- Hilft, gespeicherte emotionale Schmerzen und Traumata loszulassen
→ fördert emotionale Freiheit und Wohlbefinden.

2. Mentale Klarheit

- Reduziert geistige Unruhe und verbessert die Klarheit der Gedanken
→ unterstützt bei Entscheidungen und Problemlösungen.

3. Stressabbau

- Beruhigt den Geist und reduziert Stress
→ schafft Frieden und Entspannung.

4. Verstärkte Heilung

- Verstärkt die Wirkung von Reiki, insbesondere bei mentalen und emotionalen Themen.

5. Spiritueller Schutz

- Bietet Schutz vor negativen Energien
  → stabilisiert Ihre emotionalen und mentalen Zustände.

Durch die Integration des **Sei He Ki Mantras** in Ihre Reiki-Praxis können Sie emotionale und mentale Ungleichgewichte wesentlich besser ansprechen und eine tiefere, ganzheitlichere Heilung ermöglichen.

Das primäre Mantra zu Sei He Ki

Das Hauptmantra lautet einfach:

„Sei He Ki"

Es wird gechantet, um die Energie und Intention des Symbols zu aktivieren.

Doch viele Praktizierende verbinden es zusätzlich mit **Affirmationen**, um eine tiefere Wirkung zu erzielen.

Wenn du möchtest, kann ich jetzt auch **die erweiterten Affirmationen für Sei He Ki** übersetzen oder erstellen — sag einfach *weiter.*

Erweiterte Sei He Ki Mantras und Affirmationen

1. Grundlegendes Mantra:

    a. „Sei He Ki"
    Das Chanten des Namens des Symbols selbst. Dies ist das direkteste und am häufigsten verwendete Mantra.

2. Affirmationen für emotionale Heilung:

    a. „Sei He Ki, bringe Harmonie und Gleichgewicht in meine Emotionen."
    b. „Sei He Ki, hilf mir, meinen emotionalen Schmerz und meine Traumata loszulassen."
    c. „Sei He Ki, erfülle mich mit Frieden und emotionaler Stabilität."

3. Affirmationen für mentale Klarheit:

    a. „Sei He Ki, kläre meinen Geist und verstärke meinen Fokus."
    b. „Sei He Ki, bringe Klarheit und Einsicht in meine Gedanken."
    c. „Sei He Ki, hilf mir, klar zu denken und weise Entscheidungen zu treffen."

4. Affirmationen für Schutz:

    a. „Sei He Ki, beschütze mich vor negativen Energien und Einflüssen."
    b. „Sei He Ki, schütze meinen Geist und meine Emotionen vor jedem Schaden."

c. „Sei He Ki, erschaffe eine Lichtbarriere um mich herum."

5. Affirmationen für Harmonie und Gleichgewicht:

a. „Sei He Ki, gleiche meine emotionalen und mentalen Energien aus."
b. „Sei He Ki, harmonisiere meine Gedanken und Gefühle."
c. „Sei He Ki, bringe Gleichgewicht in meine innere Welt."

Wie man diese Mantras und Affirmationen verwendet

1. Meditation:

a. **Vorbereitung:** Finde einen ruhigen Ort, setze dich bequem hin und schließe deine Augen.
b. **Visualisieren:** Stelle dir das Sei He Ki-Symbol in deinem geistigen Auge vor, wie es hell leuchtet.
c. **Chanten und Affirmieren:** Beginne damit, „Sei He Ki" zu chanten, und füge anschließend die Affirmationen hinzu, die deinen Bedürfnissen entsprechen.
  Beispiel: Chante dreimal „Sei He Ki" und sage dann: **„Sei He Ki, bringe Harmonie und Gleichgewicht in meine Emotionen."**

2. Während Reiki-Sitzungen:

a. **Selbstheilung:** Lege deine Hände auf die Bereiche deines Körpers, in denen du emotionalen oder mentalen Stress fühlst.

Chante „Sei He Ki" und füge eine passende Affirmation hinzu.

b. **Heilung anderer:** Während du Reiki gibst, zeichne das Sei He Ki-Symbol über den Körper oder über den betroffenen Bereich der Person.

Chante „Sei He Ki" und sage die passende Affirmation leise oder laut.

3. Tägliche Praxis:

a. **Morgenroutine:** Beginne deinen Tag, indem du „Sei He Ki" chantest und eine Affirmation aussprichst, um einen ausgeglichenen und positiven Ton für den Tag zu setzen.

b. **Abendroutine:** Beende deinen Tag mit einer Sei He Ki-Meditation, die darauf ausgerichtet ist, emotionalen oder mentalen Stress des Tages loszulassen.

Beispiel für eine Mantra-Praxis

1. Zentrieren:

a. Setze dich bequem hin, schließe deine Augen und nimm mehrere tiefe Atemzüge, um dich zu sammeln.

2. Symbol aktivieren:

a. Visualisiere das Sei He Ki-Symbol, das vor dir oder in dir leuchtet.

3. Chanten des Mantras:

    a. Chante „Sei He Ki" langsam und bewusst, sodass der Klang in dir widerhallt.

4. Affirmationen hinzufügen:

    a. Nach dem Chanten füge eine Affirmation hinzu. Beispiel:
       ◇ **„Sei He Ki"** (dreimal wiederholen)
       ◇ **„Sei He Ki, bringe Harmonie und Gleichgewicht in meine Emotionen."**

5. Integration der Energie:

    a. Sitze einen Moment lang in Stille und lasse die Energie und die Affirmation in dein Sein einfließen.

Durch die Integration dieser erweiterten Mantras und Affirmationen kannst du deine Arbeit mit dem Sei He Ki-Symbol vertiefen und seine Wirkung für emotionale Heilung, mentale Klarheit und Schutz verstärken.
Diese Vorgehensweise macht deine Reiki-Sitzungen kraftvoller und individueller — sowohl für dich selbst als auch für deine Klient*innen.

Hon Sha Ze Sho Nen:

Das Fernheilungs-Symbol im Reiki

Hon Sha Ze Sho Nen – Das Fernheilungssymbol im Reiki

Hon Sha Ze Sho Nen ist eng mit der Fernheilung verbunden.

Was ist Hon Sha Ze Sho Nen?

Hon Sha Ze Sho Nen (ausgesprochen „Hon-Scha-See-Scho-Nenn") ist eines der wichtigsten Symbole im Reiki und wird im zweiten Grad (Level 2) eingeführt.
Dieses Symbol wird verwendet, um Heilenergie über Zeit und

Raum hinweg zu senden. Dadurch ist es möglich, Reiki an jemanden zu senden, der nicht physisch anwesend ist.

Bedeutung und Übersetzung

Die genaue Übersetzung von Hon Sha Ze Sho Nen variiert, wird jedoch oft gedeutet als:

- „Das Göttliche in mir ehrt das Göttliche in dir."
- „Keine Vergangenheit, keine Gegenwart, keine Zukunft."

Es symbolisiert die Überwindung von Zeit und Raum und ermöglicht dem Praktizierenden, Heilenergie jederzeit und überall hin zu senden.

Aussehen des Symbols

Hon Sha Ze Sho Nen wird gewöhnlich als eine Kombination japanischer Kanji-Zeichen dargestellt, die in einem einzigartigen Muster zusammengefügt sind.
Das Symbol ist komplex und erfordert Übung, um korrekt gezeichnet zu werden. Jeder Teil trägt eine besondere Bedeutung und steht für unterschiedliche Aspekte der Fernheilung.

Anwendungen von Hon Sha Ze Sho Nen

1. **Fernheilung:**
   Die Hauptanwendung von Hon Sha Ze Sho Nen ist das Senden von Reiki an jemanden, der nicht physisch anwesend ist – egal ob weit entfernt, in einer anderen Stadt oder sogar einem anderen Land.

Man kann es auch zu Situationen oder an sich selbst senden.

2. **Heilung vergangener Traumata:**
   Durch das Senden von Reiki an vergangene Ereignisse können emotionale Wunden und Traumata gelöst werden, was sich positiv auf das heutige Leben auswirkt.

3. **Zukünftige Ereignisse:**
   Reiki kann auch an zukünftige Situationen gesendet werden, z. B. eine bevorstehende Operation, ein Vorstellungsgespräch oder andere Ereignisse, für die man positive Energie und unterstützende Ergebnisse wünscht.

4. **Situationen und Beziehungen:**
   Hon Sha Ze Sho Nen kann an belastete Beziehungen oder schwierige Situationen gesendet werden, um Heilung, Ausgleich und Harmonie zu fördern.

Wie man Hon Sha Ze Sho Nen verwendet

1. **Symbol aktivieren:**
   Zeichne oder visualisiere das Symbol in deinem Geist. Viele Reiki-Praktizierende zeichnen das Symbol in die Luft oder auf ihre Hände, bevor sie mit der Sitzung beginnen.

2. **Absicht setzen:**
   Formuliere klar deine Absicht.
   Dies kann eine bestimmte Person, ein Ereignis oder eine Situation sein, der du Heilenergie senden möchtest.

3. **Visualisieren:**
   Visualisiere die Person, das Ereignis oder die Situation.

Stelle dir vor, wie die Reiki-Energie aus deinen Händen fließt und den Empfänger als Licht umhüllt.

4. **Symbol anrufen:**

Sage den Namen des Symbols – **„Hon Sha Ze Sho Nen"** – laut oder in Gedanken, um seine Energie zu aktivieren und die Verbindung über Distanz herzustellen.

5. **Heilung durchführen:**

Sende die Reiki-Energie so lange, wie es sich richtig anfühlt.

Vertraue deiner Intuition – sie führt dich.

Vorteile der Anwendung von Hon Sha Ze Sho Nen

◇ Flexibilität:

Ermöglicht Heilbehandlungen ohne körperliche Anwesenheit. Dadurch kann Reiki auch Menschen erreichen, die weit entfernt sind oder nicht persönlich erscheinen können.

◇ Überwindung von Zeit:

Erlaubt die Heilung vergangener Traumata und zukünftiger Ängste. Dies fördert das allgemeine emotionale und mentale Wohlbefinden.

◇ Ermächtigung:

Gibt Praktizierenden die Möglichkeit, ein breiteres Spektrum an Menschen und Situationen zu unterstützen und zu heilen – und erweitert damit den Wirkungsbereich von Reiki erheblich.

◇ **Hon Sha Ze Sho Nen** ist ein kraftvolles Symbol im Reiki, da es das Senden von Heilenergie über Zeit und Raum hinweg erlaubt.

Seine Anwendung kann die Fähigkeit eines Reiki-Praktizierenden erheblich erweitern, umfassende Heilung anzubieten – sowohl für körperliche Beschwerden als auch für emotionale und mentale Herausforderungen.

Durch das Verständnis und die bewusste Anwendung dieses Symbols können Reiki-Praktizierende ihre Heilarbeit weltweit ausdehnen und anderen unabhängig von der Distanz helfen.

Teil „Zwei" der Einweihungsmeditation für Reiki Level 2

Lies diesen zweiten Teil nach dem Zeichnen der Symbole:

Begegnung mit deinem Reiki-Meister im Geist

In einem Moment werde ich dich bitten, dich selbst in einem **runden Raum** im Zentrum deines Kopfes zu erleben – hinter deinen Augen.
Dieser runde Raum hat Türen und Fenster, die in alle Richtungen hinausführen.
Jede Tür, jedes Fenster führt zu einem anderen geistigen Führer.
Eine dieser Türen führt zu deinem **Reiki-Meister im Geist**.

Ich möchte jetzt, dass du dich in diesem runden Raum vorstellst.
Sieh dich um und nimm alle Türen und Fenster wahr.
Frage dich selbst, **welche Tür** zu deinem Reiki-Meister im Geist führt.

Geh zu dieser Tür hinüber und stelle dich vor sie.
Bitte darum, sie in der klarsten und lebendigsten Weise zu erleben, die für dich möglich ist.
Du kannst sie sehen... du kannst sie fühlen... du kannst eine Beschreibung hören... oder du kannst es einfach wissen.

Wie sieht diese Tür aus?
Wie öffnet sie sich?

Jetzt möchte ich, dass du diese Tür **in irgendeiner Weise markierst**, damit du immer weißt, dass sie zu deinem Reiki-Meister im Geist führt.
Du kannst ein Symbol darauf zeichnen…
du kannst etwas darauf schreiben…
irgendetwas, das für dich passt.

Auf der anderen Seite dieser Tür befindet sich ein **Korridor voller goldenen Lichts**.
Geh nun durch diese Tür…
trete in den Flur…
und beginne, ihn entlangzugehen…

Vielleicht spürst du Sonnenschein auf deiner Haut…
vielleicht siehst du glitzernden Feenstaub…
vielleicht hörst du einen Ton oder eine Melodie…

Und du fühlst dich so wunderbar, denn du bist auf dem Weg, deinem Reiki-Meister im Geist zu begegnen.

Beachte, was auf dem Boden… den Wänden… oder der Decke ist…

Geh den Flur vollständig entlang, bis du zur nächsten Tür gelangst.
Auf der anderen Seite dieser Tür wartet dein Reiki-Meister im Geist darauf, dich zu treffen.

Wir werden jetzt einen bewussten Vertrag mit deinem Reiki-Meister schließen.
Denk nach mir an diese drei Dinge:

„Mein Reiki-Meister im Geist besitzt das höchstmögliche
Maß an Integrität."
„Mein Reiki-Meister im Geist erscheint mir in einer Form, die
ich leicht annehmen kann."
„Mein Reiki-Meister im Geist ist auf der höchsten Ebene, mit
der ich leicht kommunizieren kann."

Und füge alles hinzu, was dir persönlich wichtig ist.

Nun betrachte diese Tür...
Woraus besteht sie?...
Wie öffnet sie sich?...

Jetzt geh durch die Tür und erlaube deinem Reiki-Meister im
Geist, dir in der lebendigsten Form zu erscheinen, die für dich
möglich ist...
sodass du ihn sehen... hören... fühlen... oder wissen kannst,
dass er da ist.

Begrüße ihn auf eine Weise, die sich für dich angenehm
anfühlt...
Du kannst ihn umarmen... hallo sagen... dich verbeugen...
oder ihm die Hand geben.

Frage ihn, wie sein Name lautet.
Wenn er ständig die Form wechselt, bitte ihn, **eine Gestalt
auszuwählen**.

Frage ihn, wie er darüber denkt, dass du diesen Schritt im
Reiki gehst.
Bitte ihn, dir mitzuteilen, **welche Aufgaben** er in der
Zusammenarbeit mit dir übernehmen wird.

Danke ihm dafür, dass er dir geholfen hat, dich auf den 1. Reiki-Grad einzustimmen.
Frage, wie du den größten Nutzen aus dieser Reiki-Einweihung für **Körper... Geist... Seele... und Emotionen** ziehen kannst.

Frage, was du auf jedem dieser Ebenen tun kannst, um deine Erfahrung zu vertiefen.
Und stelle alle weiteren Fragen, die dir wichtig sind.

Nun mach dich bereit, dich zu verabschieden...
Sag also auf deine Weise Lebewohl...
umarm ihn... gib ihm die Hand... verbeuge dich...
was immer sich richtig anfühlt...

Geh zurück zur Tür und in den Korridor voller goldenen Lichts...
schließe die Tür hinter dir...
und beginne, den Flur wieder zurückzugehen...

Spüre wieder den Sonnenschein...
den glitzernden Feenstaub...
höre einen Ton oder eine Melodie...
und fühle dich so wunderbar nach dieser Erfahrung...

Beachte wieder alles auf dem Boden... den Wänden... oder der Decke...

Geh bis zum Ende des Flurs...
zurück durch die Tür...
hinein in den runden Raum...
und schließe die Tür hinter dir...

In einem Moment werde ich dich drei tiefe Atemzüge nehmen lassen...

Wenn du einatmest, stelle dir vor,
dass die **Reiki-Energie des 2. Grades** bis hinunter auf die **Zell-Ebene** gelangt...

Wenn du ausatmest, ist deine Absicht,
jede Zelle bis hinunter zur DNA auf den 2. Reiki-Grad einzustimmen...

Atme also die Energie des 2. Grades ein...
bis ganz hinunter zur Zellebene...

Ausatmen...
jede Zelle bis zur DNA wird mit 2.-Grad-Reiki programmiert...

Noch einmal einatmen... Reiki-Energie des 2. Grades... tief hinunter in die Zellen...
Ausatmen... jede Zelle bis zur DNA ist eingestimmt auf den 2. Reiki-Grad...

Ein letztes Mal...
Einatmen... Reiki-Energie des 2. Grades hinunter bis auf die Zellebene...
Ausatmen... jede einzelne Zelle ist auf den zweiten Grad eingestimmt.

Lass nun jede Schülerin und jeden Schüler über ihre Erfahrung sprechen

(wen sie als ihren Reiki-Meister getroffen haben).

Eine Reiki-Behandlung an einem Klienten

Arten von Reiki-Sitzungen:

1. Physische Heilung
2. Fernheilung
   a) Visualisierung
   b) Vollständige Fernbehandlung (Handpositionen)
   c) Sandwich-Behandlung
3. Mentale Heilung
4. Emotionale Heilung

Wie eine Behandlung durchgeführt wird:

Während der Klient vollständig bekleidet liegt, füllt der/die Praktizierende zuerst den eigenen Körper mit universeller Lebensenergie und „sendet" dann die Energie über die Hände in den Körper des Klienten
– tatsächlich **zieht der Klient genau die Menge an Reiki-Energie**, die er in diesem Moment benötigt.

Obwohl der/die Praktizierende ein grundlegendes Muster von Handpositionen auf der Vorder- und Rückseite des Körpers anwendet, hat Reiki seine eigene „Intelligenz" und findet selbstständig die Ursache und den Ort der Störung, um dort zu heilen und zu harmonisieren.

Aromatherapie, Kerzen und beruhigende Musik werden oft verwendet, um die Reiki-Behandlung zu unterstützen. Kristalle und Steine sind ebenfalls für ihre starken

Heilungseigenschaften bekannt und können während einer Reiki-Sitzung verwendet werden.

Eine vollständige Ganzkörperbehandlung dauert ungefähr **1 Stunde**.

Bevor du eine Behandlung gibst:

- Achte darauf, dass dein Klient bequem liegt; gib ihm Kissen – eines für den Kopf und eines unter die Knie – und halte eine Decke bereit, falls ihm kalt wird.
- Du kannst die Handpositionen, die du während der Behandlung verwenden wirst, vorab demonstrieren.
- Informiere den Klienten über die mögliche **21-Tage-Reinigung**, die auftreten kann. Nicht jeder hat die gleichen Symptome. In meiner Erfahrung erleben nur wenige Menschen unangenehme Nebenwirkungen. Ich erkläre immer: *es ist möglich, aber nicht wahrscheinlich.*
- Erkläre, dass der Klient während der Behandlung Folgendes erfahren kann – oder auch nichts davon:
  - völlige Entspannung
  - Wärme oder Kühle
  - Kribbeln
  - Energiebewegungen im Körper
  - emotionale Entlastung
  - Einsichten in vergangene Leben

  Mach klar, dass du **keine Kontrolle darüber hast**, was der Klient erlebt.
  Er oder sie erhält genau das, was in diesem Moment gebraucht wird.

- Wenn du den Klienten berührst, achte auf sanften Druck. Deine Hände sollten entspannt und leicht auf dem Körper liegen.
  Touch ist nicht notwendig, damit Reiki wirkt.
- Erkläre ihnen, dass du lediglich der **Kanal** für die heilende Energie bist
  – und dass **sie selbst für ihre Heilung verantwortlich sind**.

Reiki-Prozedur

1. **Lassen Sie Ihren Klienten in Rückenlage auf der Massageliege liegen.**
   Legen Sie bei Bedarf ein Kissen unter die Knie.
   Bedecken Sie die Person mit einer Decke.
   Manche mögen auch ein kleines Augenkissen – in diesem Fall legen Sie aus hygienischen Gründen zuerst ein gefaltetes Papiertaschentuch über die Augen.
2. **Zentrieren Sie sich:**

   a. Machen Sie einige tiefe Atemzüge oder verwenden Sie Ihre bevorzugte Methode, um sich zu zentrieren und zu beruhigen.
   b. Reiben Sie Ihre Hände aneinander – dadurch steigt die Reiki-Energie an die Oberfläche Ihrer Hände.
   c. Rufen Sie die höhere Seele oder den Heilungsführer Ihres Klienten, Ihre eigene höhere Seele und Ihren Reiki-Meister im Geist an, um Sie bei dieser Heilung zu unterstützen.

   Sobald Sie in den 2. oder 3. Grad eingeweiht wurden, verwenden Sie auch das entsprechende Symbol.
   Sie können es **denken, aussprechen, zeichnen oder visualisieren** – je nachdem, wie es sich für Sie richtig anfühlt.

   - Für **körperliche Heilung**: Verwenden Sie **Chokurei**
   - Für **Fernheilung**: Verwenden Sie **Hon Sha Ze Sho Nen**
   - Für **mentale oder emotionale Heilung**: Verwenden Sie **Sei He Ki**

    o   Für **spirituelle Heilung**: Verwenden Sie **Dai Ko Myo**

d. Sagen Sie innerlich:
„Ich bitte darum, dass diese Reiki-Energie auf der höchsten Ebene durch mich fließt, die für meinen Klienten und mich von Nutzen ist."

Handpositionen Für Die Behandlung Eines Klienten

e. Folgen Sie den Handpositionen für Vorder- und Rückseite des Körpers.
Lassen Sie die Energie etwa **drei Minuten** an jeder Position fließen.

Wichtig:

Halten Sie **eine Hand immer auf oder über dem Körper** des Klienten.
Wenn Sie den Kontakt verlieren:

- Reiben Sie Ihre Hände erneut zusammen,
- legen Sie sie wieder auf das Chakra, an dem Sie gearbeitet haben,
- und verwenden Sie bei 2. oder 3. Grad das passende Reiki-Symbol erneut.

Vorderseite Des Körpers

Position Nr. 1
Hände sanft über die Augen gewölbt – Drittes Auge (6. Chakra).

Position Nr. 2
Hände auf dem Kopf – Kronenchakra (7. Chakra).

Position Nr. 3
Hände unter dem Kopf.

Position Nr. 4
Hände sanft über dem Hals schwebend – Halschakra (5. Chakra).

Position Nr. 5
Hände flach in einer „V"-Form auf oder über der oberen Brust.

Position Nr. 6
Hände über jede Schulter gelegt, diese sanft cuppend.

Position Nr. 7
Arme (je einzeln):
Stellen Sie sich vor, die Reiki-Energie von der Schulter bis zum Handgelenk zu leiten.

Position Nr. 8
Die Hand des Klienten zwischen Ihren Händen „sandwichen"
–

negative Energie aus den Fingern hinausstreichen.
(Wiederholen Sie Position 7 & 8 am anderen Arm.)

Position Nr. 9
Hände schwebend über dem Herzen – Herzchakra (4. Chakra).

Position Nr. 10
Hände, eine vor der anderen, schwebend oberhalb des Nabels – Solarplexus (3. Chakra).

Position Nr. 11
Hände, eine vor der anderen, schwebend unterhalb des Nabels – Milzchakra (2. Chakra).

Position Nr. 12
Hände in einer „V"-Form schwebend, beginnend an der Taille.

Position Nr. 13
Hände schwebend über den Genitalien – Wurzelchakra (1. Chakra).

Position Nr. 14
Stellen Sie sich vor, Reiki-Energie vom Hüftbereich über ein Bein bis zum Knöchel zu leiten.

Position Nr. 15
Die Füße des Klienten zwischen Ihren Händen „sandwichen" und die negative Energie wegstreichen.
(Wiederholen Sie Position 14 & 15 am anderen Bein.)

Rückseite Des Körpers

Verbinde Dich Wieder Mit Dem Solarplexus- (3.) Und Milzchakra (2.) Und Verwende Hier Die Symbole.

Position Nr. 1 – „Mentale Klärung"

Eine Hand über das Kronenchakra (7. Chakra) schweben lassen.

Die andere Hand quer über den Hinterkopf (Occiput) platzieren, senkrecht zur ersten Hand.

Dann die **RAKU-, CHOKUREI- und SEIHEKI-Symbole** über das Kronenchakra zeichnen,
nach jedem Symbol das Kronenchakra sanft berühren.

Sagen Sie das **„SEI HE KI"-Mantra** dreimal.

Dann sagen Sie zu Ihrem Klienten:
„Nehmen Sie ein paar tiefe Atemzüge, und wenn Sie ausatmen, lassen Sie alle Einschränkungen los, ob vergangen oder gegenwärtig."

Position Nr. 2

Hände über dem Nacken schweben lassen, die Fingerspitzen berühren sich und formen eine Pyramide.

Position Nr. 3

Hände von den Schultern nach unten in einer „V"-Form schweben lassen, die Zeigefinger berühren sich.

Position Nr. 4

Hände, eine vor der anderen, über dem Herzchakra (4. Chakra) schweben lassen.

Position Nr. 5
Hände, eine vor der anderen, über dem Solarplexus (3. Chakra) schweben lassen.

Position Nr. 6
Hände, eine vor der anderen, über dem Milzchakra (2. Chakra) schweben lassen.

Position Nr. 7
Hände in einer „V"-Form über dem Gesäß schweben lassen.

Position Nr. 8
Stellen Sie sich vor, Reiki-Energie vom Hüftbereich über ein Bein hinunter bis zum Knöchel zu leiten.

Position Nr. 9
Hände am unteren Ende der Füße schweben lassen.

Abschluss Einer Reiki-Behandlung Bei Einem Klienten

Bevor Sie Ihre Hände vom Klienten nehmen, wird empfohlen, Folgendes zu sagen und zu tun:

1. „Ich bitte darum, dass diese Reiki-Energie weiterhin heilt, harmonisiert und ausgleicht – dein Oben mit deinem Unten, deine Vorderseite mit deiner Rückseite, dein Inneres mit deinem Äußeren, deine linke Seite mit deiner rechten Seite sowie dein Yin mit deinem Yang."
2. „Ich bitte außerdem darum, dass diese Reiki-Energie weiterhin deinen Körper, deinen Geist, deinen Spirit und deine Emotionen heilt, harmonisiert und ausgleicht – wenn dies zu deinem höchsten Wohl ist."

Trennen der Energien

Um Ihre Energie von der des Klienten zu trennen, stellen Sie
sich eine Blase vor, die vor Ihnen schwebt.
Bitten Sie darum, dass jede Energie, die Sie unbeabsichtigt
aufgenommen haben, in diese Blase hineingeht.

Dann **lösen Sie die Blase auf**, indem Sie sie als neutralisierte
Energie visualisieren
(z. B. als „Schneerauschen" auf einem Fernseher),
und senden Sie diese Energie **in das Zentrum der Erde**.

Dies signalisiert dem Universum klar, dass Sie – als
Praktizierender – nicht bewusst oder unbewusst das „Thema"
des Klienten übernehmen.

3. **Danken Sie still dem Höheren Selbst Ihres Klienten,
   Ihrem eigenen Höheren Selbst und Ihrem Reiki-
   Meister in der Geistigen Welt.**
4. **Nehmen Sie Ihre Hände vom Klienten.**
5. **Erklären Sie Ihrem Klienten**, dass die Reiki-Energie
   weiterhin in ihm wirkt und er zulassen soll, dass diese
   bis auf die Zellebene heilt.
   Wenn Sie während der Sitzung intuitive Eindrücke
   erhalten haben, können Sie diese jetzt mitteilen.
6. **Erinnern Sie Ihren Klienten an die mögliche 21-tägige
   Reinigung** und empfehlen Sie, viel frisches Wasser zu
   trinken, um die Freisetzung von Toxinen zu
   unterstützen.
7. **Erklären Sie**, dass es normal ist, sich nach der
   Behandlung leicht benommen zu fühlen.
   Halten Sie Wasser bereit und geben Sie dem Klienten
   ein paar Minuten Zeit, um sich wieder zu zentrieren.

8. **Teilen Sie mit**, dass der Klient sich jederzeit melden darf, wenn während oder nach der Behandlung etwas auftaucht, worüber er sprechen möchte.

Fernheilung

Sie können sich vorstellen, dass die Person in voller Größe auf Ihrer Massageliege liegt,
oder Sie halten Ihre Hände etwa einen Fuß (ca. 30 cm) auseinander und stellen sich vor,
dass die Person zwischen Ihren Handflächen liegt.

Alternativ können Sie sich die Person **winzig klein zwischen Ihren betend zusammengelegten Händen** vorstellen,
oder Sie verwenden **einen Teddybär oder eine Puppe** als Stellvertreter der Person.
Auch **ein Foto der Person** kann verwendet werden.

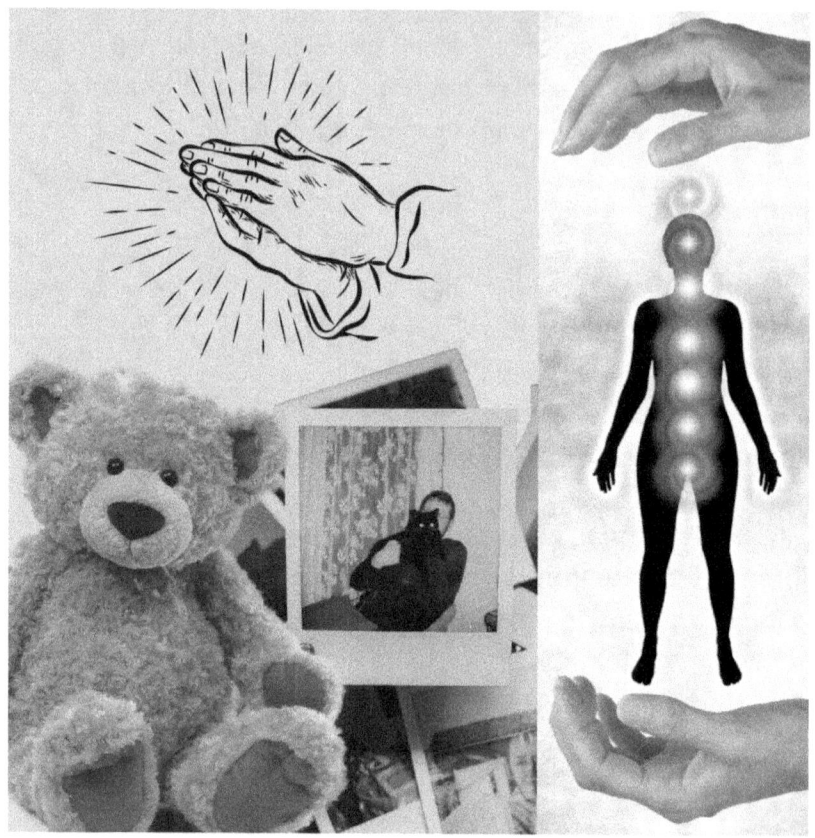

Wichtige Hinweise

◇ Denken Sie daran, dass Sie nicht versuchen, ein bestimmtes Ergebnis zu erzwingen.
Wissen Sie, dass Reiki immer zum höchsten Wohl aller Beteiligten wirkt.

◇ Gehen Sie niemals davon aus, dass ein anderer Mensch geheilt werden möchte.
Wenn der Empfänger die Reiki-Energie nicht annimmt, wird sie automatisch an Sie zurückgegeben.

⋄ Ehren Sie immer die Energie und Ihre Intention.

Fernheilungs-Visualisierung

1. **Füllen Sie Ihr Herz mit bedingungsloser Liebe und Akzeptanz.**
   Legen Sie Ihre Hände über Ihr Herz, bis Sie völlige Ruhe spüren und sich mit dieser Energie verbunden fühlen.

2. **Stellen Sie sich vor, dass Sie von goldenem Licht erfüllt sind,**
   das Ihren gesamten Körper auflädt und ausstrahlt. Dieses Licht umhüllt Ihren Körper wie eine schützende Hülle.

3. **„Spüren" Sie nun die Person, der Sie Heilung senden möchten.**
   Wenn Sie in den Zweiten Grad eingeweiht sind, können Sie an dieser Stelle die Symbole für Fernheilung verwenden.
   Sobald die Person vor Ihrem inneren Auge erscheint, wird *sie* von goldenem Licht umgeben.

4. **Senden Sie nun durch Visualisierung/Imagination das Licht aus den Handflächen**
   zu der Person, die Sie behandeln möchten.
   Stellen Sie sich zwei laserartige Lichtstrahlen vor, die als heilende Energie aus Ihren Handflächen in den Körper des Empfängers fließen.
   Sie können sich auch vorstellen, liebevolle und heilende Gedanken an diese Person zu senden.

5. **Um die Verbindung zwischen Ihnen und dem Empfänger zu lösen,**

stellen Sie sich vor, wie das Licht, das Sie beide umgibt, sich langsam auflöst und ins Nichts zerstreut.

Ganzkörper-Fernbehandlung

1. Rufen Sie den Geist (die Essenz) des Klienten zu sich.
2. Stellen Sie ihn sich etwa zwei Fuß (ca. 60 cm) groß vor.
3. Rufen Sie seinen Heilungsführer und sein Höheres Selbst sowie Ihr eigenes Höheres Selbst und Ihren Reiki-Meister in der Geistigen Welt an, damit sie Sie bei dieser Behandlung unterstützen.
4. Zeichnen Sie HON SHA ZE SHO NEN über seinen Oberkörper.
   Führen Sie anschließend RAKU und CHOKUREI über seinem Nabel aus.
5. Bitten Sie darum, dass die Reiki-Energie auf der höchsten Ebene, die Ihnen und Ihrem Klienten dient, durch Sie fließt.
6. Führen Sie die üblichen Handpositionen durch.
   Hinweis: Da die Person kleiner visualisiert wird, benötigen Sie weniger Handpositionen, um den ganzen Körper abzudecken.
7. Senden Sie ihren Geist zurück in ihren physischen Körper.
8. Danken Sie dem Heilungsführer und dem Höheren Selbst des Klienten sowie Ihrem eigenen Höheren Selbst und Ihrem Reiki-Meister in Spirit.
9. Zur energetischen Trennung:
   Stellen Sie sich eine Blase vor Ihnen vor.
   Bitten Sie darum, dass jegliche Energie des Klienten, die Sie unbeabsichtigt aufgenommen haben, in diese Blase übergeht.

Lösen Sie die Blase dann in neutralisierte Energie auf und senden Sie sie in die Mitte der Erde.

Die Hand-Sandwich-Behandlung

Sie wird angewendet, wenn Sie keine Zeit für eine Ganzkörperbehandlung haben.

1. Bitten Sie Ihren Klienten um Erlaubnis.
2. Stellen Sie sich den Klienten handflächengroß vor und visualisieren Sie, wie er in Ihrer Handfläche liegt.
3. Rufen Sie sein Höheres Selbst und seinen Heilungsführer sowie Ihr eigenes Höheres Selbst und Ihren Reiki-Meister in Spirit an, damit sie Sie bei dieser Behandlung unterstützen.
4. Sagen Sie:
   „Ich bitte darum, dass diese Reiki-Energie auf der höchsten Ebene durch mich fließt, die mir und __(Klient) dient."
5. Zeichnen Sie die Symbole HON SHA ZE SHO NEN, RAKU, CHOKUREI und SEI HE KI über dem visualisierten Klienten.
6. Legen Sie Ihre andere Hand über die Hand, in der Sie den Klienten visualisieren.
   Halten Sie diese Position **10 bis 15 Minuten** lang.
7. Zum Abschluss folgen Sie dem gleichen Schließungsritual wie bei der Ganzkörperbehandlung.

Anwendung dieser Technik bei der „Fernheilung"

Mit der Methode der *Fernheilung* können Sie Heilung und Licht gezielt in bestimmte Problemzonen senden:

- Bei allgemeiner Unruhe, Katastrophen oder Kriegen können Sie Reiki **an die ganze Welt** senden oder sich auf ein bestimmtes Gebiet konzentrieren. *Gemeinsame Reiki-Sitzungen in der Gruppe sind besonders kraftvoll, da sie ein stärkeres Energiefeld erzeugen.*
- Schwierige oder ungelöste Situationen können für Sie selbst oder für andere geklärt werden.
- Sie können auch **vergangene traumatische Ereignisse** aus Ihrem Leben heilen – z. B. Kindheitsverletzungen, Missbrauch usw.
- *„Fernheilung" funktioniert auch hervorragend bei Tieren.*

Geistige und persönliche Themen des Reiki-Praktizierenden während mentaler oder emotionaler Reiki-Sitzungen

Reiki-Praktizierende spielen eine entscheidende Rolle dabei, heilende Energie an ihre Klienten zu kanalisieren. Dennoch kann ihr eigener mentaler und emotionaler Zustand die Wirksamkeit einer Sitzung stark beeinflussen. Im Folgenden wird beschrieben, wie Praktizierende ihren Geist und ihre persönlichen Themen während mentaler oder emotionaler Reiki-Sitzungen im Gleichgewicht halten können.

Die Bedeutung des mentalen und emotionalen Zustands des Praktizierenden

1. Energieübertragung

- Reiki-Praktizierende dienen als Kanal für die universelle Lebensenergie.
  Ihr mentaler und emotionaler Zustand kann die

Qualität der Energie beeinflussen, die durch sie hindurchfließt.

- Ein klarer und fokussierter Geist stellt sicher, dass die übertragene Energie rein und wirkungsvoll ist.

2. Sensibilität des Klienten

- Klienten, die Reiki empfangen, befinden sich oft in einem erhöhten Zustand der Sensibilität und können die Energie des Praktizierenden wahrnehmen.
- Ein ausgeglichener und zentrierter Praktizierender schafft ein ruhigeres, stabileres und heilungsförderndes Umfeld.

Strategien für Praktizierende zur Bewältigung von Geist und persönlichen Themen

1. Selbstfürsorge und regelmäßige Reiki-Praxis

- **Tägliches Selbst-Reiki:** Die tägliche Anwendung von Selbst-Reiki hilft, das eigene Energiefeld auszugleichen und geistige Klarheit zu bewahren.
- **Regelmäßige Sitzungen mit anderen Praktizierenden:** Reiki von anderen zu empfangen, bietet zusätzliche Unterstützung und hilft, persönliche Themen zu heilen.

2. Achtsamkeit und Meditation

- **Meditationspraxis:** Regelmäßige Meditation beruhigt den Geist, erhöht das Bewusstsein und reduziert Stress.

- **Achtsamkeitstechniken:** Achtsamkeit während des Tages hilft Praktizierenden, präsent und fokussiert zu bleiben – besonders während einer Sitzung.

3. Klare Intentionen setzen

- Vor jeder Sitzung sollten Praktizierende klare Intentionen setzen, um sich ausschließlich auf die Heilung des Klienten zu konzentrieren.
  Dies schafft eine Grenze zwischen den eigenen Themen und der Reiki-Sitzung.
- **Beispiel-Intention:**
  „Ich lege meine persönlichen Anliegen beiseite und konzentriere mich vollständig auf die Heilungsbedürfnisse meines Klienten."

4. Erdungstechniken

- Erdungsübungen wie tiefes Atmen, das Visualisieren von Wurzeln, die aus den Füßen in die Erde wachsen, oder körperliche Aktivitäten wie Gehen helfen, zentriert und ausgeglichen zu bleiben.

5. Energetische Reinigung

- **Reinigung des Raums:** Räuchern mit Salbei, der Einsatz von Klang (z. B. Glocken oder Klangschalen) oder das Visualisieren von weißem Licht, das den Raum reinigt, kann negative Energien entfernen.
- **Persönliche Energie-Reinigung:** Salzbäder, Kristalle oder energetische Ausstreich-Techniken helfen, das eigene Energiefeld zu klären.

6. Tagebuchführung und Reflexion

- Das Führen eines Journals über persönliche Gefühle und Erfahrungen unterstützt die emotionale Verarbeitung und gibt wertvolle Einsichten.
- Regelmäßige Reflexion über die eigene Praxis und persönliche Entwicklung hilft dabei, geistige Ausgeglichenheit zu erhalten.

7. Professionelle Unterstützung

- Praktizierende sollten nicht zögern, professionelle Hilfe in Anspruch zu nehmen.
  Therapeuten, Berater oder spirituelle Mentoren können wertvolle Unterstützung bei persönlichen Themen anbieten.

8. Gesunde Lebensweise

- Eine gesunde Ernährung, regelmäßige Bewegung und ausreichender Schlaf sind grundlegend für Wohlbefinden und geistige Klarheit.
- Der Verzicht auf Substanzen, die den Geist trüben können – wie übermäßiger Alkohol oder Drogen – ist ebenso wichtig.

Vorbereitung auf eine Reiki-Sitzung

1. Rituale vor der Sitzung

- **Vorbereitungsrituale:**
  Praktizierende sollten vor jeder Sitzung ein Ritual durchführen, das Erdung, das Setzen von Intentionen und eine kurze Meditation zur inneren Zentrierung umfasst.
- **Energetische Reinigung:**
  Das Reinigen der Raumenergie und des eigenen Energiefeldes kann ebenfalls Teil des Rituals sein.

2. Während der Sitzung

- **Achtsamkeit und Präsenz:**
  Praktizierende sollten während der gesamten Sitzung achtsam und präsent bleiben, kontinuierlich auf den Energiefluss und die Bedürfnisse des Klienten achten.
- **Umgang mit eigenen Gedanken:**
  Wenn persönliche Gedanken oder Emotionen aufkommen, sollten sie diese ohne Bewertung wahrnehmen und ihre Aufmerksamkeit sanft zur Reiki-Sitzung zurücklenken.

3. Selbstfürsorge nach der Sitzung

- **Nachsorge:**
  Nach einer Sitzung sollten Praktizierende sich Zeit nehmen, um sich zu erden, ihre Energie zu reinigen und über das Erlebte zu reflektieren.
- **Reset für die eigene Energie:**
  Eine kurze Selbst-Reiki-Sitzung oder Meditation kann

helfen, das Energiefeld wieder auszugleichen und die
Praktizierenden auf die nächste Sitzung oder den
weiteren Tag vorzubereiten.

**Den eigenen Geist und persönliche Themen zu managen, ist
entscheidend für Reiki-Praktizierende,** um wirksame mentale
und emotionale Heilungssitzungen anzubieten.
Durch Selbstfürsorge, Achtsamkeit, Erdung und energetische
Reinigung können Praktizierende sicherstellen, dass sie
ausgeglichen und zentriert bleiben und die Reiki-Energie
effektiv kanalisieren.

Regelmäßige Reflexion sowie gegebenenfalls professionelle
Unterstützung helfen zusätzlich dabei, persönliche Themen
zu klären und während der Heilungsarbeit einen klaren und
fokussierten Geist zu bewahren.

Mentale Heilung

Reiki ist eine ganzheitliche Heilmethode, die die körperlichen, emotionalen, mentalen und spirituellen Aspekte des Wohlbefindens berücksichtigt.

Die mentale Heilung durch Reiki konzentriert sich darauf, Stress, Angst, negative Gedankenmuster und andere mentale Belastungen zu lösen, um Klarheit, Frieden und geistiges Wohlbefinden zu fördern.

Hier finden Sie eine ausführliche Beschreibung, wie Reiki zur mentalen Heilung beitragen kann.

Der Reiki-Symbol für die **„Mentale Heilung"** verbindet Sie direkt mit dem **Höheren Selbst** und dem **Unterbewusstsein** des Empfängers.

Die „Mentale Heilung" kann fehlgeleitete Energie transformieren, sodass der Empfänger Optimismus, Liebe und Glück erfahren kann.

Er oder sie kann ein größeres Bewusstsein für frühere Konditionierungen und Programmierungen erlangen – der erste Schritt zur Heilung.

Ängste, Abhängigkeiten und andere mentale oder spirituelle Störungen können positiv beeinflusst werden.

Innere Stärke und geistige Klarheit werden aufgebaut.

Furcht und Wut verwandeln sich in Vertrauen, Liebe und eine vollständige Verbindung zum Selbst.

Depression und Schuldgefühle können sich in Lebensfreude, Vitalität und Mut verwandeln.

Die universelle Lebensenergie unterstützt diesen Prozess, indem sie hilft, **Gefühle niedriger Frequenz in solche höherer Frequenz zu verwandeln.**

Verständnis der Mentalen Heilung mit Reiki

1. Verbindung zwischen Geist und Energie

- Geist und Körper sind miteinander verbunden; mentaler Stress oder Störungen können sich als körperliche Beschwerden manifestieren.
  Reiki hilft, den Energiefluss im Körper auszugleichen, was geistige Klarheit fördert und psychischen Stress reduziert.
- Mentale Blockaden können Störungen im Energiefeld des Körpers erzeugen, was zu Angstzuständen, Depressionen und anderen mentalen Belastungen führen kann.
  Reiki löst diese Blockaden und unterstützt so die mentale Heilung.

2. Chakren und mentale Gesundheit

Chakren sind Energiezentren im Körper, die jeweils mit verschiedenen körperlichen, emotionalen und mentalen Aspekten verbunden sind.
Wichtige Chakren, die mit mentaler Heilung zusammenhängen, sind:

a. **Kronenchakra (Sahasrara):**
Verbunden mit höherem Bewusstsein, Weisheit und spiritueller Verbindung.
Ungleichgewichte können zu Verwirrung und einem Gefühl der Trennung führen.

b. Stirnchakra / Drittes Auge (Ajna):

Steht für Intuition, Einsicht und geistige Klarheit.
Blockaden können zu mangelnder Konzentration und
geistigem Nebel führen.

c. Halschakra (Vishuddha):

Bezieht sich auf Kommunikation und Wahrheit.
Ungleichgewichte können Schwierigkeiten bereiten,
Gedanken und Gefühle auszudrücken.

Reiki-Symbole für die Mentale Heilung

- **Cho Ku Rei (Cho-Koo-Ray):**
  Bekannt als das Kraftsymbol; es hilft, die Heilenergie
  zu verstärken und zu erden.
- **Sei He Ki (Say-Hey-Key):**
  Speziell für mentale und emotionale Heilung
  eingesetzt; es unterstützt die Harmonisierung und den
  Ausgleich des Geistes.

Bei der „Mentalen Heilung" können Sie mit Affirmationen
arbeiten, die einen gewünschten positiven Zustand für sich
selbst beschreiben – oder mit Affirmationen, die sich Ihr
Klient für sich selbst wünscht.

Affirmationen und Intentionen

1. **Klare Intentionen oder Affirmationen vor und
   während der Reiki-Behandlung** können die mentale
   Heilung verstärken.
   Beispiele:
   – „Ich lasse allen mentalen Stress los."
   – „Ich begrüße geistige Klarheit und inneren Frieden."

2. **Die Kombination von Reiki mit positiven Affirmationen** kann den Geist neu programmieren und negative Gedankenmuster durch positive ersetzen.

Beispiele für Affirmationen

1. **„Ich (Name) liebe mich selbst, einfach weil ich so bin, wie ich bin."**
   Diese Affirmation öffnet das Herz und kann den inneren Kampf sowie Selbstablehnung sanft auflösen.
2. **„Ich (Name) liebe und akzeptiere jetzt meinen Körper."**
   – Für körperliche Heilung.
3. **„Ich (Name) öffne mein Herz und akzeptiere jetzt all meine Gefühle."**
   – Für emotionale Heilung.
4. **„Meine geistige Klarheit wird jeden Tag deutlicher."**
   – Für mentale Heilung.
5. **„Meine Meditationen werden jeden Tag tiefer."**
   – Für spirituelle Heilung.

Vorteile der mentalen Reiki-Heilung

1. **Stressreduzierung**
   ⋄ Reiki versetzt den Körper in einen Zustand tiefer Entspannung, wodurch Stress und Angst abgebaut werden. Dieser ruhige Zustand ermöglicht es dem Geist, sich zu regenerieren und zu heilen.
2. **Verbesserte Konzentration und Klarheit**
   ⋄ Reiki fördert Fokus, Konzentration und geistige Klarheit, indem mentale Blockaden gelöst werden. Es

hilft, Gedanken zu ordnen und bessere
Entscheidungen zu treffen.

3. **Emotionale Ausgeglichenheit**
   ⋄ Reiki harmonisiert Geist und Emotionen, reduziert
   Stimmungsschwankungen, Gereiztheit und inneres
   Chaos. Diese Balance fördert inneren Frieden und
   Stabilität.

4. **Linderung von Angst und Depression**
   ⋄ Regelmäßige Reiki-Sitzungen können Symptome
   von Angst und Depression deutlich reduzieren, indem
   sie die Ursachen ansprechen und mentale Blockaden
   auflösen.

5. **Erhöhte Intuition und Einsicht**
   ⋄ Durch die Harmonisierung des Dritten Auges
   verbessert Reiki Intuition und innere Einsicht. Diese
   gesteigerte Wahrnehmung hilft, sich selbst und die
   Umgebung besser zu verstehen.

6. **Besserer Schlaf**
   ⋄ Geistiger Stress führt häufig zu Schlafstörungen.
   Reiki fördert Entspannung und mentale Ruhe,
   wodurch sich Schlafqualität und Schlafmuster
   verbessern.

Mentale Heilungssitzung

„Sie müssen die Erlaubnis des Klienten für diese Heilung haben, und Ihr Geist muss klar und frei von mentalem Ballast sein, damit die Sitzung wirkungsvoll sein kann."

Die Sitzung dauert ungefähr 15 Minuten und kann in eine normale Reiki-Behandlung integriert werden.

1. Der Klient soll auf einem Stuhl sitzen.
2. Rufen Sie das Höhere Selbst und den Heilungsführer Ihres Klienten sowie Ihr eigenes Höheres Selbst und Ihren Reiki-Meister im Geist an, um Sie während dieser Heilung zu unterstützen.
3. Legen Sie eine Hand auf das Kronen- (7.) Chakra und die andere quer über den Hinterhauptsbereich, senkrecht zur ersten Hand.
   Dann zeichnen Sie – jedes Mal nach sanfter Berührung des Kronenchakras – die Symbole **RAKU, CHOKUREI und SEI HE KI** über das Kronenchakra.
4. **Wiederholen Sie die Affirmation**, die den positiven Zustand beschreibt, den Sie (oder Ihr Klient) sich in diesem Moment wünschen.
5. **Um die Energie zu versiegeln**, zeichnen Sie die Symbole erneut über das Kronenchakra und fahren Sie dann entweder mit einer normalen Reiki-Behandlung fort oder schließen Sie die Sitzung auf die gleiche Weise, wie eine übliche Reiki-Sitzung beendet wird.

Emotionale Heilung

Reiki ist eine ganzheitliche Heiltechnik, die auf körperlicher, mentaler, emotionaler und spiritueller Ebene wirkt.
Die emotionale Heilung durch Reiki konzentriert sich darauf, emotionale Blockaden, Traumata und negative Muster anzusprechen und zu lösen, die das Wohlbefinden eines Menschen beeinträchtigen können.
Hier erfahren Sie alles über die Unterstützung emotionaler Heilung durch Reiki.

Verständnis der emotionalen Heilung mit Reiki

1. Energieungleichgewicht und emotionale Gesundheit

- Emotionen sind Energie; wie jede Energie müssen sie frei fließen.
  Wenn Emotionen unterdrückt oder ungelöst sind, entstehen Blockaden im Energiefeld des Körpers. Diese Blockaden können zu emotionaler Belastung, psychischen Problemen und sogar körperlichen Beschwerden führen.
- Reiki hilft dabei, diese Blockaden aufzulösen, den natürlichen Energiefluss wiederherzustellen und emotionales Gleichgewicht sowie Wohlbefinden zu fördern.

2. Chakren und emotionale Heilung

- Chakren sind Energiezentren im Körper, die mit verschiedenen Aspekten der körperlichen, emotionalen und spirituellen Gesundheit verbunden sind.

Die emotionale Heilung im Reiki umfasst häufig die Harmonisierung folgender Chakren:

- o **Herzchakra (Anahata):** Verbunden mit Liebe, Mitgefühl und Vergebung.
- o **Solarplexuschakra (Manipura):** Verbunden mit Selbstwert, Kraft und Identität.
- o **Sakralchakra (Svadhisthana):** Verbunden mit Emotionen, Beziehungen und Kreativität.
- Durch die Harmonisierung dieser Chakren unterstützt Reiki das Loslassen emotionaler Schmerzen und fördert Gefühle von Frieden und Glück.

Reiki-Symbole für emotionale Heilung

- **Sei He Ki (Say-Hey-Key):**
  Das wichtigste Symbol im Reiki für emotionale Heilung.
  Es hilft, Emotionen auszugleichen, mentale Blockaden zu lösen und Harmonie sowie inneren Frieden zu fördern.

Vorteile der emotionalen Heilung durch Reiki

1. Stressabbau und Entspannung

- Reiki versetzt den Körper in einen Zustand tiefer Entspannung, wodurch Stress und Angst reduziert werden.
  Dieser beruhigte Zustand ermöglicht eine effektivere emotionale und mentale Heilung.

2. Freisetzung emotionaler Blockaden

- Durch das Lösen blockierter Energie unterstützt Reiki das Loslassen unterdrückter Emotionen und ungelöster Traumata.
  Diese Freisetzung führt oft zu tiefgreifender emotionaler und psychischer Erleichterung.

3. Gesteigerte emotionale Wahrnehmung

- Reiki fördert die Selbstwahrnehmung und hilft Menschen, ihre Emotionen besser zu erkennen und zu verstehen.
  Dieses Bewusstsein ist der erste Schritt zu Heilung und persönlichem Wachstum.

4. Verbesserte Beziehungen

- Wenn emotionale Heilung stattfindet, verbessern sich oft zwischenmenschliche Beziehungen.
  Menschen werden mitfühlender, verständnisvoller und kommunikationsfähiger.

5. Größere emotionale Resilienz

- Regelmäßige Reiki-Sitzungen stärken die emotionale Widerstandskraft, sodass Menschen Herausforderungen und Stress besser bewältigen können.

6. Spirituelles Wachstum

- Emotionale Heilung durch Reiki führt oft zu spirituellem Wachstum.
  Wenn emotionale Lasten gelöst werden, fühlen sich

viele stärker mit ihrem Höheren Selbst und dem Universum verbunden.

Emotional Healing mit Reiki: Eine sanfte, aber kraftvolle Methode

Reiki hilft, durch Wiederherstellung des natürlichen Energieflusses im Körper emotionalen Schmerz und Traumata zu lösen.
Es fördert Gleichgewicht, baut Stress ab und unterstützt ganzheitliches Wohlbefinden.
Ob durch regelmäßige Behandlungen bei einem Reiki-Praktiker oder durch Selbst-Reiki – die Integration von Reiki ins eigene Leben kann zu tiefgreifender emotionaler und spiritueller Transformation führen.

Durchführung einer emotionalen Heilungssitzung

1. Der Klient sitzt oder legt sich hin.
2. Nehmen Sie sich selbst einen Stuhl.
3. Legen Sie eine Hand auf das Stirnchakra (Brow-Chakra/6.) des Klienten und die andere auf den Hinterhauptsbereich (Occiput).
4. Rufen Sie das Höhere Selbst und den Heilungsführer Ihres Klienten sowie Ihr eigenes Höheres Selbst und Ihren Reiki-Meister im Geist an, um Sie während der Heilung zu unterstützen.
5. Bringen Sie das entsprechende Symbol (Sei He Ki) ein.
6. Dies ist die einzige Position, in der Sie die Hände tauschen können, falls nötig. Eine Sitzung kann bis zu einer Stunde dauern.
7. Wenn die Sitzung beendet ist, danken Sie den Führern und dem Reiki-Meister für ihre Unterstützung.

Reiki im täglichen Leben

Kinder und Reiki

Reiki-Behandlungen bei Kindern erfolgen auf die gleiche Weise wie bei Erwachsenen, jedoch nehmen sie weniger Zeit in Anspruch, da Kinder kleiner sind und weniger Handpositionen benötigen.

Kinder können in den 1. Reiki-Grad eingeweiht werden – in jedem Alter – da dieser Grad auf den physischen Körper wirkt. Kinder sollten Emotionen verstehen und geistige Klarheit besitzen, bevor sie in den 2. Grad eingeweiht werden.
Sie sollten ein grundlegendes Verständnis von Spiritualität haben, bevor sie in den Meister-Grad eingeweiht werden.

Reiki bei Pflanzen und Tieren

Pflanzen und Bäume lieben Reiki-Energie.
Sie reagieren darauf mit kräftigem, gesundem Wachstum, guter Blütenentwicklung und einer langen Lebensdauer.

Die meisten Tiere akzeptieren Reiki-Energie.
Behandle alle Säugetiere ähnlich wie Menschen.

Vögel haben ein sehr empfindliches System – daher ist es besonders wichtig, Reiki mit der höchsten Energiequalität durchzuleiten, damit sie diese leicht aufnehmen und nutzen können.

Reiki-Erste Hilfe

Gebrochene Knochen

NICHT BEHANDELN, BEVOR DER KNOCHEN GERICHTET IST!
Nachdem ein Arzt den Bruch gesetzt hat, können die Hände direkt auf den Gips gelegt werden, um die Heilung zu unterstützen.

Prellungen

Sofort Reiki geben – für 20 bis 30 Minuten direkt auf die Prellung.

Verbrennungen

20 bis 30 Minuten Reiki knapp über der verbrannten Haut geben.
Wenn Reiki sofort angewendet wird, bilden sich Blasen oft gar nicht erst.

Angst

Die Hände auf das Solarplexus-Chakra (3.) und den Hinterkopf legen und eine mentale Heilung durchführen.

Insektenstiche

Wenn Reiki direkt nach dem Stich für 20 bis 30 Minuten gegeben wird, kann die Schwellung häufig gering gehalten werden.

Schock/Unfall

Während man auf einen Arzt wartet, Reiki auf das Solarplexus-Chakra (3.) und das Wurzel-Chakra (1.) geben. Dann Reiki-Energie auf die Schultern legen.

Verstauchungen

Reiki auf die betroffene Stelle 30 bis 60 Minuten lang geben. Je nach Schwere der Verstauchung kann die Behandlung mehrmals wiederholt werden.

Reiki Level 2 – Hausaufgaben für Praktizierende

1) Warum würdest du die Reiki-Symbole verwenden?

_____

_____

_____

_____

_____

_____

2) Was ist das Hauptlernziel im Reiki Level 2?

_____

_____

_____

_____

_____

_____

3) Beschreibe deine erste Reiki-Behandlung an einem Klienten (Freund oder Familienmitglied).

_____

_____

_____

_____

_____

_____

_____

_____

_____

_____

_____

Reiki Level 2 – Beispiel für eine Fallstudie mit einem Klienten

GESUNDHEITSFORMULAR

Datum: _____

Name des Klienten: _____

Telefonnummer: _____

E-Mail:

_____

Adresse:

_____

Stadt: _____

Postleitzahl: _____

Geburtsdatum (Monat): _____

Behandler (du): _____

FRAGEN, DIE ZU STELLEN SIND:

Wie fühlst du dich heute?

_____

Bist du deiner Meinung nach gestresst?

Nimmst du derzeit andere Behandlungen oder Therapien in Anspruch?

Gibt es andere gesundheitliche Themen oder Bereiche, die dir Sorgen bereiten?

Was sind deine Erwartungen für diese Sitzung?

Hattest du diese oder eine ähnliche Behandlung bereits zuvor?
Nein / Ja

Unterschrift des Klienten:
(Bestätigung und Zustimmung zur Sitzung)

BEFUNDE / PROBLEMBEREICHE: *(notieren)*

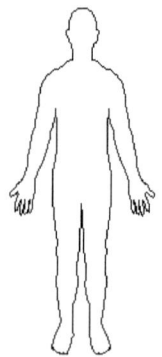

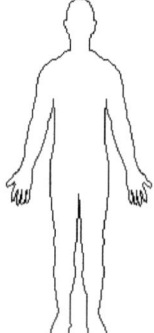

Vorderseite　　　　　　　Rückseite

Körperlich:

_____

_____

Mental:

_____

_____

Emotional:

_____

_____

Spirituell:

_____

_____

Die Eröffnung Deiner eigenen Reiki-Praxis: Die Grundlagen

Eine eigene Reiki-Praxis zu eröffnen, kann eine erfüllende Möglichkeit sein, Deine Heilkunst mit anderen zu teilen. Hier sind die wichtigsten Schritte und Regeln, die Du beachten solltest – unabhängig davon, ob Du Geld verlangst oder nicht.

Wenn Du kein Geld verlangst

1. Persönliche Haftpflichtversicherung

> ⋄ Schließe eine persönliche Haftpflichtversicherung ab, um Dich im Falle von Ansprüchen oder Unfällen während Deiner Sitzungen abzusichern. Dies ist wesentlich, um Deine Praxis zu schützen.

2. Klientenformulare

> ⋄ Stelle sicher, dass Du für jede Sitzung ein Klientenformular ausfüllst. Dieses Formular sollte die persönlichen Daten des Klienten, die Gesundheitsgeschichte und die Einwilligung zur Behandlung enthalten. Eine gründliche Dokumentation ist sowohl rechtlich als auch praktisch wichtig.

Wenn Du Geld verlangst

1. Offizieller Firmenname

⋄ Registriere einen legalen Firmennamen für Deine Reiki-Praxis. Dadurch wird Dein Unternehmen offiziell, und dies ist oft für rechtliche und finanzielle Prozesse erforderlich.

2. GST-Nummer

⋄ **Kanada:** Wenn Dein jährliches Einkommen über 30.000 $ liegt, musst Du eine GST-Nummer (Goods and Services Tax) registrieren. Dadurch kannst Du GST in Rechnung stellen und abführen.

3. Persönliche Haftpflichtversicherung

⋄ Ebenso wie bei unbezahlten Sitzungen ist eine persönliche Haftpflichtversicherung unverzichtbar. Sie schützt Dich vor möglichen Ansprüchen oder Unfällen während Deiner Tätigkeit.

4. Klientenformulare

⋄ Fülle für jede Sitzung ein Klientenformular aus, das persönliche Informationen, Gesundheitsdaten und die Einwilligung des Klienten enthält. Die Aufbewahrung dieser Unterlagen ist für gesetzliche Vorgaben und eine professionelle Praxisführung entscheidend. **Hinweis:** In der Regel müssen Klientenunterlagen **10 Jahre** aufbewahrt werden.

5. Quittungen

⋄ Stelle für jede Sitzung eine Quittung aus. Dies schafft Transparenz für Deine Klienten und hilft Dir, genaue finanzielle Aufzeichnungen zu führen.

6. Geschäftliche Steuern

⋄ Behalte das ganze Jahr über Deine Einnahmen und Ausgaben im Blick und sorge dafür, dass Du am Jahresende Deine Geschäftsteuern bezahlst. Ziehe einen Buchhalter hinzu, um Deine steuerlichen Verpflichtungen zu verstehen und sicherzustellen, dass Du alle relevanten Gesetze einhältst.

Zusätzliche Tipps für Deinen Erfolg

1. Standort

> ◇ Wähle für Deine Praxis einen angenehmen, gut erreichbaren Ort. Achte darauf, dass der Raum ruhig, heilungsfördernd und ausreichend privat ist, damit Deine Klienten sich sicher und geborgen fühlen.

2. Marketing

> ◇ Bewirb Deine Praxis über verschiedene Kanäle, z. B. über soziale Medien, lokale Schwarze Bretter und Mundpropaganda. Einführungssitzungen oder Workshops können helfen, neue Klienten anzuziehen und Vertrauen aufzubauen.

3. Professionelle Weiterentwicklung

> ◇ Erweitere kontinuierlich Dein Wissen und Deine Fähigkeiten durch Fortbildungen und Trainings. Wenn Du über aktuelle Entwicklungen in Reiki und ergänzenden Heilmethoden informiert bist, stärkt das Deine Kompetenz und kann mehr Klienten anziehen.

4. Netzwerken

> ◇ Vernetze Dich mit anderen ganzheitlichen Gesundheitspraktikern und lokalen Wellness-Zentren. Netzwerke bieten Austausch, Unterstützung und wertvolle Möglichkeiten für Empfehlungen.

5. Klientenkommunikation

> ◇ Kommuniziere klar, respektvoll und mitfühlend mit
> Deinen Klienten. Indem Du ihre Bedürfnisse gut
> verstehst und individuell abgestimmte Sitzungen
> anbietest, verbessert sich ihre Erfahrung – und positive
> Weiterempfehlungen folgen oft ganz von selbst.

6. Gesetzliche Vorgaben und Ethik

> ◇ Halte Dich an alle lokalen Vorschriften und
> ethischen Richtlinien Deiner Praxis. Dazu gehören der
> Schutz der Privatsphäre Deiner Klienten, das Einholen
> einer informierten Einwilligung sowie eine
> professionelle, achtsame und mitfühlende
> Arbeitsweise.

REIKI LEVEL 3 – MEISTER

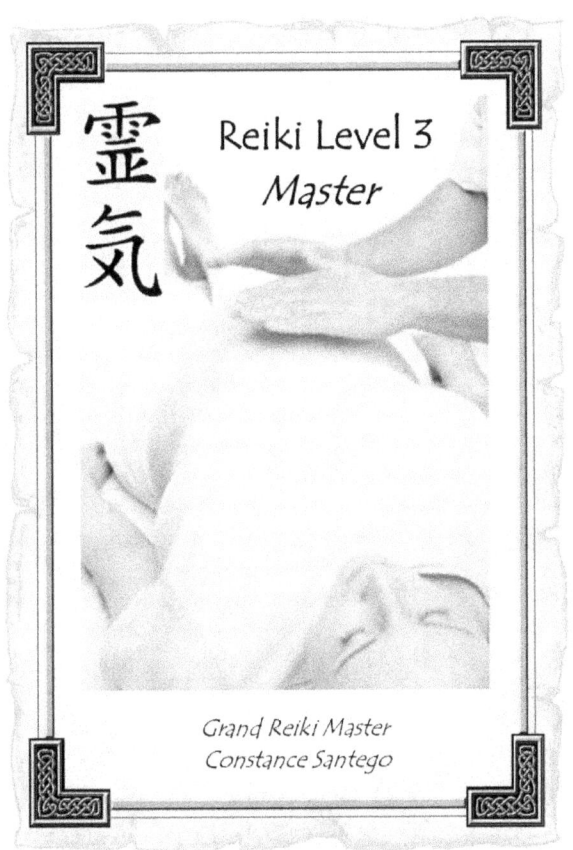

Reiki Level 3
Master

靈
气

Grand Reiki Master
Constance Santego

Level 3: Shinpiden

Shinpiden, was „Geheimlehren" oder „Meisterlehren"
bedeutet, ist die fortgeschrittene Stufe der Reiki-Ausbildung.
Sie konzentriert sich auf die Meisterschaft der Reiki-Energie,
auf spirituelles Wachstum sowie auf die Fähigkeit, andere zu
unterrichten und einzuweihen.

Reiki Level 3 – Unterrichtsplan

2 Live-Klassen à 3 Stunden

1. Klasse

⋄ Gespräch über spirituelles Heilen

2. Teil der 1. Klasse
Hören und abonnieren:
https://youtu.be/4F-re1mkiCk

oder
Lies die „Apprentice"-Meditation

     o Zeichne das Level-3-Symbol auf jeden Schüler
     o Beende die Meditation

     ⋄ Lass jeden Schüler darüber sprechen, was er erlebt hat

2. Klasse

⋄ Gespräch über das Unterrichten von Reiki
⋄ Alle spirituellen Reiki-Handtechniken ausprobieren

Reiki Spirituelle Heilung

Die spirituelle Reiki-Heilung konzentriert sich auf die Balance und Harmonisierung der spirituellen Aspekte eines Menschen. Sie unterstützt die Verbindung mit dem höheren Bewusstsein, fördert die spirituelle Wahrnehmung und hilft dabei, sich mit dem wahren Selbst auszurichten. Diese Form der Heilung ist ein wesentlicher Bestandteil des ganzheitlichen Wohlbefindens und umfasst nicht nur den physischen und emotionalen Körper, sondern auch den spirituellen Körper.

Zentrale Konzepte der spirituellen Reiki-Heilung

1. Universelle Lebensenergie
⋄ Reiki basiert auf der Vorstellung, dass universelle Lebensenergie durch alle Lebewesen fließt. Diese Energie gilt als spirituell geführt und kann von einem Reiki-Praktizierenden kanalisiert werden, um Heilung zu fördern.

2. Spirituelle Verbindung
⋄ Reiki unterstützt Menschen dabei, sich mit ihrem Höheren Selbst und ihren spirituellen Führern zu verbinden. Diese Verbindung kann Führung, Einsicht und ein tieferes Verständnis des eigenen Lebenszwecks vermitteln.

3. Chakren und spirituelle Heilung
⋄ Das Chakrasystem spielt eine wichtige Rolle in der spirituellen Heilung. Jedes Chakra ist mit unterschiedlichen Aspekten spiritueller Entwicklung und Bewusstsein verbunden. Die Harmonisierung der Chakren kann spirituelles Wachstum und Erleuchtung fördern.

Meistersymbole

Raku:
Eines der weniger bekannten, aber sehr kraftvollen Symbole im Reiki. Es ist besonders mit dem Einweihungsprozess verbunden. Es wird nicht häufig in normalen Reiki-Behandlungen verwendet, spielt jedoch eine entscheidende Rolle bei den Einweihungen auf Meisterebene.

Dai Ko Myo:
Das Meistersymbol im Reiki, das Erleuchtung und spirituelle Ermächtigung repräsentiert. Es wird verwendet, um höhere Ebenen der spirituellen Wahrnehmung und Verbindung zu öffnen.

Vorteile der spirituellen Reiki-Heilung

1. Erhöhtes spirituelles Bewusstsein
⋄ Reiki hilft dabei, sich der eigenen spirituellen Natur und der Verbindung zum Universum bewusster zu werden. Diese Bewusstheit kann zu einem tieferen Sinn für Lebenszweck und Erfüllung führen.

2. Ausrichtung mit dem Höheren Selbst
⋄ Durch die Harmonisierung des spirituellen Körpers unterstützt Reiki die Ausrichtung auf das Höhere Selbst und fördert inneren Frieden und Harmonie.

3. Auflösung spiritueller Blockaden
⋄ Reiki kann Blockaden im spirituellen Körper lösen, was einen freieren Energiefluss und eine stärkere Verbindung zu spirituellen Führern und höherem Bewusstsein ermöglicht.

4. Verstärkte Intuition und Einsicht

⬥ Regelmäßige Reiki-Sitzungen können die intuitive Wahrnehmung stärken und tiefere Einsichten in persönliche und spirituelle Themen ermöglichen.

5. Emotionale und Mentale Klarheit

⬥ Spirituelle Heilung führt oft zu größerer emotionaler und mentaler Klarheit, da sie die Ursachen emotionaler und mentaler Ungleichgewichte aus einer spirituellen Perspektive anspricht.

Reiki-spirituelle Heilung ist eine tiefgreifende und transformative Praxis, die die spirituellen Aspekte des menschlichen Seins anspricht. Durch die Balance und Harmonisierung des spirituellen Körpers hilft Reiki Menschen dabei, sich mit ihrem Höheren Selbst zu verbinden, tiefere spirituelle Einsichten zu gewinnen und sich mit ihrem wahren Lebenszweck auszurichten.

Praktizierende spielen eine entscheidende Rolle bei der Unterstützung dieses Prozesses. Indem sie ihre eigenen spirituellen Praktiken pflegen, können sie ihren Klienten wirksame und bedeutungsvolle Heilung anbieten. Die Integration spiritueller Heilung in den Alltag kann zu langfristigen Vorteilen und einem tieferen Gefühl spiritueller Erfüllung führen.

Level 3 Meditation Für Die Einweihung

Teil „Eins" der Level-3-Einweihungsmeditation

Sie haben die Wahl:

1. Hören Sie die Level-3-Meditation auf YouTube
   https://youtu.be/4F-re1mkiCk

Oder

2. Im Unterricht:
   a. Lesen Sie den ersten Teil der Meditation,
   b. Zeichnen Sie die Reiki-Symbole auf die Kronen-
   und Herzchakren sowie auf beide Handflächen der
   Schüler (während Sie Hui Yin halten und einen
   Nierenatemzug nehmen),
   c. Lesen Sie den zweiten Teil der Meditation,
   d. Wasserritual (Zeichnen Sie die Symbole über das
   Zitronenwasser),
   e. Sprechen Sie die **Raku-Kei-Affirmation**.

Reise in die Meisterschaft

Hinweis:
Dies ist eine *sehr fortgeschrittene Meditation*!
Ich verwende sie nur nach zwei Wochen Arbeit auf der
Kausalebene mit meinen Schülern, bevor ich ihnen diese
Meditation gebe, um sie auf diese Art der Freisetzung
vorzubereiten.

Bis Sie selbst Erfahrung in der Arbeit auf der Kausalebene
haben, empfehle ich dringend, für Ihre Schüler eine weniger
intensive Reinigung zu entwerfen.

Beispielsweise könnten Sie eine Körper-Chakra-Reinigung
verwenden, bei der die alte stagnierende Energie aus jedem
Chakra in eine Blase hinausgeblasen wird.
Diese wird dann in neutralisierte Energie aufgelöst und in das
Energie-Recycling-Zentrum im Erdinneren geschickt.

Danach kann jedes Chakra mit Reiki-Energie gefüllt werden.

DE Meditation Lesen – Reise in die Meisterschaft

„Ich werde dich jetzt auf eine Reise in die Meisterschaft mitnehmen. Es spielt keine Rolle, ob du siehst, fühlst, hörst oder einfach nur weißt, dass es geschieht. Das Wichtigste, was du jetzt für dich tun kannst, ist, dir selbst zu erlauben, bereit zu sein, jetzt loszulassen.

Bringe dein Bewusstsein zu deinem ersten Lichtkörperzentrum ... deinem **Wurzelchakra**, das Überleben, Manifestation und materiellen Gewinn repräsentiert. Erlaube deinem Reiki-Meister in Spirit, dir dabei zu helfen, alle Blockaden zu entfernen ... Erlaube die Freisetzung jeglicher festgefahrener Energien rund um Geld, materiellen Gewinn, körperliche Herausforderungen, Schmerzen oder körperlichen Missbrauch. Jedes Mal, wenn deine Bedürfnisse auf Überlebensebene nicht erfüllt wurden – lass all diese Blockaden jetzt los. Alle vergangenen Leben, in denen das Überleben ein Kampf war ... Entferne alle Blockaden aus diesem und früheren Leben. Du brauchst sie nicht mehr ...

Und nun erlaube deinem Reiki-Meister in Spirit, dieses Überlebens-Lichtkörperzentrum wieder aufzufüllen ... es zu heilen, zu harmonisieren und auszubalancieren ... In dem Wissen, dass du unbegrenzt bist in deiner Fähigkeit, deinen Lebensunterhalt zu verdienen, während du deiner Bestimmung folgst ... In dem Wissen, dass du unbegrenzt bist in deiner Fähigkeit, einen starken, gesunden Körper zu besitzen, den du liebst und der perfekt für dich funktioniert ... In dem Wissen, dass du unbegrenzt bist in deiner

Fähigkeit, dein Überleben auf eine gesunde, harmonische, positive und wohlhabende Weise zu gestalten.

Bringe nun deine Aufmerksamkeit zu deinem **zweiten Lichtkörperzentrum**, deinem **Sakralchakra**, deinem Sexual- und Kreativitätszentrum ... und erlaube deinem Reiki-Meister in Spirit, dir zu helfen, alle Blockaden zu entfernen ... Jedes Mal, wenn du für deine sexuellen Gefühle bewertet wurdest ... Jedes Mal, wenn du missbraucht wurdest ... Alle Ängste vor Intimität ... lass sie jetzt gehen. Jedes Mal, wenn jemand deine Kreativität bewertet hat ... Und jetzt die vergangenen Leben ... alle Blockaden rund um Sexualität und Kreativität ... Lass sie alle gehen ...

Nun erlaube deinem Reiki-Meister in Spirit, dir zu helfen, dieses zweite Lichtkörperzentrum aufzufüllen ... es zu heilen, zu harmonisieren und auszubalancieren ... In dem Wissen, dass du unbegrenzt bist in deiner Fähigkeit, dich selbst als sinnliches Wesen zu ehren und liebevolle, nährende, unterstützende, sinnliche Erfahrungen auf vollkommene und harmonische Weise in dein Leben zu ziehen ... In dem Wissen, dass du unbegrenzt bist in deiner Fähigkeit, deine Kreativität in jeder Form zu nutzen, die du wählst.

Bewege nun dein Bewusstsein hinauf zu deinem **dritten Lichtkörperzentrum**, deiner Willenskraft, deiner inneren Stärke und deinem emotionalen Zentrum ... und erlaube deinem Reiki-Meister nun, dir zu helfen, alle Blockaden zu entfernen ... Jedes Mal, wenn du dich wie ein Opfer gefühlt hast ... Jedes Mal, wenn du das Gefühl hattest, keine Wahl zu haben ... Jedes Mal, wenn du etwas getan hast, das du nicht tun wolltest ... Lass jetzt alle Ängste los ... Alle Ängste, verletzt zu werden – auf körperlicher, geistiger, spiritueller und emotionaler Ebene … Lass alle Wut los … jegliche Eifersucht … jegliche Schuld, die du jemals hattest … Karma endet, wenn du dir selbst vergibst. Vergib dir jetzt – und gehe weiter. Jedes Mal, wenn du emotional missbraucht wurdest …

Und nun die vergangenen Leben, in denen du Macht missbraucht hast … Vergangene Leben, in denen du anderen erlaubt hast, dich zu missbrauchen … Lass jetzt alle Blockaden los … Blockaden rund um deinen Willen, deine Willenskraft und deine Fähigkeit, diese Erfahrung zu haben.

Ich möchte jetzt, dass du dir die Energie deiner Seele in deinem **Wurzelchakra** vorstellst, an der Basis deiner Wirbelsäule. Stelle dir nun vor, wie du die Energie deiner Seele durch dein Wurzelchakra nach oben ziehst – ganz nach oben bis zu deinem **Kronenchakra** am Scheitel deines Kopfes. Fühle, wie sie durch dein Sakralchakra fließt … durch dein Solarplexus … durch dein Herzchakra … durch deine Kehle … durch dein Drittes Auge … und fühle, wie sie in dein Kronenchakra eintritt, am oberen Ende deines Kopfes.

Nun möchte ich, dass du dir eine **Leiter der Erleuchtung** vorstellst – eine goldene Leiter, die bis zur Ebene der Erleuchtung hinaufführt. Stelle dir nun vor, wie du beginnst, diese Leiter hinaufzusteigen … Hinauf aus deinem Körper … Hinauf durch die Decke … hinauf über das Dach dieses Gebäudes …

Schau dich um. Wie weit kannst du sehen? … Steige weiter hinauf, bis du etwa **einen Kilometer über der Stadt** bist. Was kannst du jetzt sehen? …

Während du weiter aufsteigst, werde ich von eins bis drei zählen – und wenn ich bei drei angekommen bin, wirst du **auf halbem Weg zwischen der Erde und dem Mond** an deiner Leiter der Erleuchtung stehen.

Eins ... Deine Seele weiß bereits genau, wo dieser Punkt ist.
Zwei ... Du musst es dir nur erlauben, dorthin zu gelangen.
Drei ... Dort bist du ... auf halbem Weg zwischen der Erde und dem Mond.

Blicke nun hinunter auf die Erde – was kannst du sehen? ... Blicke hinauf zum Mond.

Jetzt möchte ich, dass du höher und höher kletterst. Wir steigen deine Leiter der Erleuchtung hinauf – über den Mond hinaus ... bis ganz hinaus zur **Ebene der Erleuchtung**.

Ich werde wieder von eins bis drei zählen – und wenn ich bei drei angekommen bin, wirst du von deiner Leiter hinaufsteigen auf die Ebene der Erleuchtung.

Eins ... Deine Seele weiß genau, wo die Ebene der Erleuchtung ist.
Zwei ... Du musst es dir nur erlauben, dich dorthin führen zu lassen.
Drei ... Dort bist du nun – du steigst von deiner Leiter hinauf auf die Ebene der Erleuchtung ...

Du wirst bemerken, dass das Licht sehr hell und lebendig ist. Du kannst die bedingungslose Liebe fühlen, die alles durchdringt. Vielleicht hörst du Lieder, Melodien, Harfen ... Und du weißt, dass dies ein Ort unendlichen Friedens, unendlicher Freude, Liebe, Harmonie und Erleuchtung ist ...

Nun möchte ich, dass du deinen **Reiki-Meister in Spirit** bittest, sich dir hier anzuschließen … und ich möchte, dass du ihn bittest, dir zu helfen, alle Blockaden, Barrieren, Ängste, Begrenzungen oder alten, überholten Muster und Emotionen zu entfernen … Lass sie alle los …

Und nun erlaube deinem Reiki-Meister, dir zu helfen, dieses Zentrum aufzufüllen … es zu heilen, zu harmonisieren und auszubalancieren … In dem Wissen, dass du unbegrenzt bist in deiner Fähigkeit, mit Leichtigkeit zu manifestieren … In dem Wissen, dass du unbegrenzt bist in deiner Fähigkeit, selbstermächtigt zu sein und stets Entscheidungen zu treffen, die zu deinem höchsten Wohl dienen … In dem Wissen, dass du unbegrenzt bist in deiner Fähigkeit, Frieden, Liebe, Freude, Glückseligkeit, Harmonie und wahre Intimität zu erfahren."

Und nun bringe dein Bewusstsein hinauf zu deinem **vierten Lichtkörperzentrum**, deinem **Herzchakra** … und erlaube deinem Reiki-Meister, dir zu helfen, alle Blockaden zu entfernen, die deine Liebe und Zuneigung betreffen – das bedeutet bedingungslose Liebe zu dir selbst und zu anderen …

Jedes Mal, wenn du für irgendeinen Grund beurteilt wurdest …
Jedes Mal, wenn du jemand anderen beurteilt hast …
Jedes Mal, wenn du dich auf Herzebene verletzt gefühlt hast …
All die bedingte Liebe, die du je erfahren hast – aus welchem Grund auch immer … Lass jetzt alles gehen … alle Blockaden …

Und jetzt die vergangenen Leben … jedes Mal, wenn dein
Herz gebrochen wurde – in diesem oder früheren Leben,
bewusst oder unbewusst … Lass alle Blockaden rund um
deine Liebe und Zuneigung zu dir selbst und zu anderen los –
Vergangenheit oder Gegenwart, dieses oder frühere Leben …
Lass alles gehen …

Und nun erlaube deinem Reiki-Meister, dir zu helfen, dieses
Lichtkörperzentrum wieder aufzufüllen … es zu heilen, zu
harmonisieren und auszubalancieren …
In dem Wissen, dass du unbegrenzt bist in deiner Fähigkeit,
dich selbst und andere auf gesunde, angemessene Weise zu
lieben …
In dem Wissen, dass du unbegrenzt bist in deiner Fähigkeit,
gesunde, nährende, unterstützende und liebevolle
Beziehungen in dein Leben zu ziehen – und zu wissen, dass du
sie **verdienst**.

Bewege nun dein Bewusstsein hinauf zu deinem **fünften
Lichtkörperzentrum**, deinem **Halschakra**, deinem
Kommunikationszentrum …
Und erlaube die Freisetzung aller Blockaden, die deine
Kommunikation und deine Intelligenz betreffen …

Jedes Mal, wenn du gesprochen hast und niemand dir
zugehört hat …
Jedes Mal, wenn du dich ungehört gefühlt hast …
Jedes Mal, wenn du dich missverstanden gefühlt hast …
Jedes Mal, wenn du deinen Intellekt versteckt hast …
Jedes Mal, wenn du die Wahrheit eines anderen gesprochen
hast anstatt deiner eigenen …

Jedes Mal, wenn du deine eigene Wahrheit nicht ausgesprochen hast ...

Lass nun alle Blockaden los ...

Und nun alle Blockaden aus vergangenen Leben im Zusammenhang mit Kommunikation und Intellekt ... Jedes Mal, wenn deine Kommunikation – oder das Ausbleiben davon – dich in Schwierigkeiten gebracht hat ... früher oder heute ...

Nun erlaube deinem Reiki-Meister, dir zu helfen, alle Blockaden rund um deine Kommunikation und Intelligenz zu entfernen – bewusst oder unbewusst, Vergangenheit oder Gegenwart ... Lass es los ...

Und nun erlaube deinem Reiki-Meister, dir zu helfen, dieses Zentrum wieder aufzufüllen ... es zu heilen, zu harmonisieren und auszubalancieren ...
In dem Wissen, dass du unbegrenzt bist in deiner Fähigkeit, deine Wahrheit in vollkommener Form und mit vollkommenem Inhalt zu sprechen ...
In dem Wissen, dass du unbegrenzt bist in deiner Fähigkeit, deinen Intellekt auf eine Weise zu nutzen, die dir am besten dient.

Und nun bringe dein Bewusstsein hinauf zu deinem **sechsten Lichtkörperzentrum**, deinem **Dritten Auge**, deinem Zentrum der Wahrnehmung und Intuition.

Erlaube deinem Reiki-Meister, dir zu helfen, alle Blockaden zu entfernen, die deine Wahrnehmung betreffen ...

Jedes Mal, wenn du beurteilt wurdest, weil du etwas „nicht gesehen" hast …
Jedes Mal, wenn du dich selbst dafür beurteilt hast, etwas nicht wahrhaben zu wollen …
Jedes Mal, wenn du versucht hast, die Wahrheit vor dir selbst zu verbergen …
Jedes Mal, wenn jemand deine Intuition oder deine psychischen Fähigkeiten bewertet hat …
Jedes Mal, wenn du deinen eigenen intuitiven Fähigkeiten nicht vertraut hast …

Vergangene Leben, in denen du deine Wahrnehmung ignoriert hast …
Vergangene Leben, in denen du deine Heilfähigkeiten oder deine psychischen Fähigkeiten ignoriert hast …

Lass jetzt alle Blockaden los – rund um Wahrnehmung, Intuition, psychische Fähigkeiten, Heilfähigkeiten – bewusst oder unbewusst, vergangene oder gegenwärtige Leben … Lass sie alle gehen …

Und nun erlaube deinem Reiki-Meister, dir zu helfen, dieses Zentrum wieder aufzufüllen … es zu heilen, zu harmonisieren und auszubalancieren …
In dem Wissen, dass du unbegrenzt bist in deiner Fähigkeit, klare und präzise Wahrnehmung zu haben – und entsprechend zu handeln …
In dem Wissen, dass du unbegrenzt bist in deiner Fähigkeit, deine Intuition, deine psychischen Fähigkeiten, deinen sechsten Sinn zu nutzen – und ihnen vollkommen zu vertrauen …
In dem Wissen, dass du unbegrenzt bist in deiner Fähigkeit,

deine unbegrenzten Heilfähigkeiten zu nutzen …
Erlaube dir, sie zu besitzen … Erlaube dir, sie zu ehren.

Und nun bringe dein Bewusstsein hinauf zu deinem **siebten Lichtkörperzentrum**, deinem **Kronenchakra** … deinem spirituellen Zentrum …

Erlaube deinem Reiki-Meister, dir zu helfen, alle Blockaden zu entfernen, die deine Spiritualität oder deine religiösen Überzeugungen betreffen …

Jedes Mal, wenn du für deine spirituellen oder religiösen Überzeugungen beurteilt wurdest …
Jedes Mal, wenn du dich von Gott oder deinem höheren Selbst verlassen gefühlt hast …
Jedes Mal, wenn du Gott oder dein höheres Selbst verlassen hast …

Lass es jetzt los – alle Blockaden …

Und nun die vergangenen Leben, in denen du deine spirituelle Wahrheit verbergen musstest … Lass es jetzt los … Du musst nicht länger begrenzt sein …

Lass alle Blockaden rund um deine spirituellen oder religiösen Überzeugungen los – bewusst oder unbewusst …

Und erlaube deinem Reiki-Meister nun, dir zu helfen, dieses Lichtkörperzentrum wieder aufzufüllen … es zu heilen, zu harmonisieren und auszubalancieren …

In dem Wissen, dass du unbegrenzt bist in deiner Fähigkeit, eins zu sein mit deinem höheren Selbst …

In dem Wissen, dass du unbegrenzt bist in deiner Fähigkeit, dich mit deiner Quelle – mit Gott, in welcher Form du es wahrnimmst – zu verbinden, unterstützt zu werden und eins zu sein …
In dem Wissen, dass du grenzenlos bist darin, deine spirituelle Wahrheit zu leben – was immer sie für dich sein mag …
In dem Wissen, dass das Universum dich darin unterstützt …
In dem Wissen, dass dein höheres Selbst … dein Schutzengel … die göttliche Quelle … Gott – in welcher Form auch immer – dich immer bedingungslos unterstützt, nährt und liebt."

Attunement des Schülers

1. **Während der Schüler sein „Hui Yin" hält**, öffnest du sein Kronenchakra mit dem Raku-Symbol und zeichnest anschließend das Reiki-Level-3–Raku-Symbol in sein Kronenchakra, sein Herzchakra und in beide Handflächen.
2. **Nun nimmt der Schüler einen „Nierenatem" (Kidney Breath)**.
3. **Schließe sein Kronenchakra** mit dem Raku-Symbol …
4. **Fahre dann mit dem zweiten Teil der Meditation fort** …

Reiki Level 3 Symbol

Reiki-„Meister"-Symbole

Raku

Das **Raku-Symbol** ist eines der weniger bekannten, aber dennoch sehr kraftvollen Symbole im Reiki. Es wird insbesondere mit dem Einweihungsprozess (Attunement) in Verbindung gebracht. In regulären Reiki-Behandlungen wird es normalerweise nicht verwendet, spielt jedoch eine entscheidende Rolle während der Einweihungen auf der Meisterstufe der Reiki-Ausbildung.

Übersicht über das Raku-Symbol

1. **Aussehen**
   ⋄ Das Raku-Symbol wird typischerweise als Zickzack-
   oder Blitzform gezeichnet. Es ist in seiner Form
   einfach, trägt jedoch eine tiefe und kraftvolle Energie
   in sich.

2. **Bedeutung und Zweck**
   ⋄ **Trennung und Erdung:** Der Hauptzweck des Raku-
   Symbols besteht darin, nach einer Einweihung
   (Attunement) die Energien des Reiki-Meisters und
   des Schülers voneinander zu trennen. Es erdet die
   Energien und hilft dabei, den Einweihungsprozess zu
   versiegeln.
   ⋄ **Energie-Entlassung:** Raku wird auch verwendet, um
   negative Energien und Blockaden aus dem Körper zu
   lösen, sodass die Person empfänglicher für Heilung
   wird.
   ⋄ **Balance:** Es unterstützt die Balance und Stabilisierung
   der Energie im Körper des Empfängers, damit die neu
   eingeweihten Energien richtig integriert werden.

Verwendung des Raku-Symbols

1. **Während der Einweihungen (Attunements)**
   ⋄ **Letzter Schritt der Einweihung:** Raku wird
   typischerweise am Ende des Einweihungsprozesses
   verwendet. Der Reiki-Meister zeichnet das Symbol
   entlang der Wirbelsäule des Schülers nach unten, um
   die Energien zu erden und zu versiegeln.
   ⋄ **Erdung der Energie:** Durch das Zeichnen des Raku-
   Symbols stellt der Meister sicher, dass die Energie des

Schülers geerdet ist. Dies hilft, eine Energieüberladung zu vermeiden und einen harmonischen Fluss der Reiki-Energie zu gewährleisten.

2. **Reinigung und Erdung**

    ⋄ **Energie-Reinigung:** Obwohl weniger üblich, kann Raku während einer Reiki-Sitzung verwendet werden, um das Energiefeld zu reinigen und den Empfänger zu erden. Dies ist besonders hilfreich bei Menschen, die sich „ungrounded" fühlen oder starke energetische Blockaden haben.

    ⋄ **Persönliche Anwendung:** Reiki-Meister können Raku auch bei sich selbst anwenden, um ihre Energie nach einer Sitzung oder Einweihung zu erden und verbleibende Energien des Empfängers loszulassen.

3. **Wenn der Bereich kleiner als eine Walnuss ist, verwenden Sie kein Chokurei.**

Schritte zum Zeichnen und Verwenden von Raku

1. **Das Symbol visualisieren**

    ⋄ Bevor Sie Raku zeichnen, nehmen Sie sich einen Moment Zeit, das Symbol in Ihrem Geist zu visualisieren. Stellen Sie es sich als einen kraftvollen Blitz voller Erdungsenergie vor.

2. **Raku zeichnen**

    ⋄ Beginnen Sie oben und zeichnen Sie ein Zickzack-Muster nach unten. Die Anzahl der Zickzack-Linien kann variieren, aber das Wichtigste ist die **Intention**, mit der das Symbol gezeichnet wird.

    ⋄ Während Sie zeichnen, konzentrieren Sie sich auf die Absicht von Erdung, Versiegelung und Harmonisierung der Energie.

3. **Die Energie erden**
   ◇ Zeichnen Sie Raku vom oberen Teil des Kopfes die Wirbelsäule des Empfängers hinunter. Visualisieren Sie, wie die Energie des Symbols tief in die Erde geerdet wird.
   ◇ Wenn Sie Raku für Ihre eigene Erdung verwenden, zeichnen Sie das Symbol entweder mit der Hand über Ihren Körper oder visualisieren Sie es in Ihrem geistigen Auge.

4. **Die Einweihung versiegeln**
   ◇ Nachdem der Einweihungsprozess abgeschlossen ist, zeichnen Sie Raku, um die Energien im Schüler zu versiegeln. Dies unterstützt die Integration der neuen Energien und stellt sicher, dass sie ausgeglichen und geerdet bleiben.

Praktische Tipps zur Anwendung von Raku

Klare Intentionen

1. Setzen Sie immer eine klare Intention, bevor Sie das Raku-Symbol verwenden. Ob Sie erden, reinigen oder versiegeln – Ihre Absicht lenkt die Energie wirkungsvoll.
   ◇ Beispiel-Intention: *„Ich nutze die Kraft von Raku, um die Energien zu erden und zu stabilisieren, um Gleichgewicht und Harmonie sicherzustellen."*

2. **Regelmäßig üben**
   ◇ Üben Sie regelmäßig, das Raku-Symbol zu zeichnen, um mit seiner Energie und Form vertraut zu werden. Dadurch können Sie es während Einweihungen und Heilbehandlungen wirkungsvoller einsetzen.

3. **Sich selbst erden**

   ◇ Stellen Sie sicher, dass Sie gut geerdet sind, bevor Sie Raku bei anderen anwenden. Eine stabile Erdung unterstützt Sie dabei, die Energie des Symbols effektiv zu kanalisieren und energetische Überlastung zu vermeiden.

4. **Mit anderen Symbolen kombinieren**

   ◇ Raku kann mit anderen Reiki-Symbolen kombiniert werden, wie Cho Ku Rei und Sei He Ki, um seine Wirkung zu verstärken.

   – **Cho Ku Rei** wird für Kraft und Verstärkung verwendet,

   – **Sei He Ki** für emotionales Gleichgewicht,

   – **Raku** zum Erden und Versiegeln.

Vorteile des Raku-Symbols

1. **Verbesserte Erdung**
   - ⋄ Es hilft Praktizierenden und Empfängern, sich stärker geerdet und mit der Erde verbunden zu fühlen, was Stabilität und Ausgeglichenheit fördert.

2. **Energie-Integration**
   - ⋄ Es erleichtert die Integration neuer Energien während der Einweihungen und stellt sicher, dass diese richtig aufgenommen und im Körper des Empfängers ausgeglichen werden.

3. **Energie-Reinigung**
   - ⋄ Raku ist wirksam beim Loslassen negativer Energien und Blockaden und fördert einen klareren und ausgeglicheneren Energiefluss.

4. **Versiegelung und Schutz**
   - ⋄ Es versiegelt die Energie im Empfänger, schützt sie vor äußeren Einflüssen und sorgt dafür, dass sie stabil und harmonisch bleibt.

Das **Raku-Reiki-Symbol** ist ein kraftvolles Werkzeug, das hauptsächlich während der Einweihungen verwendet wird, um Energien zu erden und zu versiegeln. Obwohl es in gewöhnlichen Reiki-Sitzungen nicht häufig eingesetzt wird, ist seine Rolle im Einweihungsprozess entscheidend, um die richtige Integration und das Gleichgewicht neuer Energien sicherzustellen.

Durch das Verstehen und Praktizieren der Anwendung von Raku können Reiki-Praktizierende ihre Fähigkeit verbessern, ihren Schülern und Klienten eine wirksame und geerdete Heilung zu ermöglichen.

Raku-Affirmation

„Ich glaube, dass es einen großen kosmischen Magneten gibt, der sich als Geist der Wahrheit, der Liebe und des Lichts manifestiert.
Dieser kosmische Magnet lebt in mir als Teil meiner göttlichen Natur.

Ich erkenne das reine weiße Licht in meiner Seele. Dieser heilige Geist in meiner Seele leitet mich ständig in allem, was ich denke, sage und tue.

Durch meine magnetische Persönlichkeit gebe ich meine Ressourcen in die Welt. So wie ich gebe, so werde ich empfangen – und mein Leben glücklich leben, mich kreativ ausdrücken und vollkommenes Wohlbefinden erfahren.

So sei es jetzt und für immer."

Dai Ko Myo

Der **Dai Ko Myo**-Symbol ist eines der wichtigsten und kraftvollsten Symbole im Reiki und wird oft als *Meistersymbol* bezeichnet. Es wird hauptsächlich von Reiki-Meistern verwendet und im dritten Grad der Reiki-Ausbildung (Reiki-Meisterstufe) eingeführt. Dieses Symbol umfasst die Energie aller anderen Reiki-Symbole und repräsentiert das höchste Niveau spiritueller Erleuchtung und Ermächtigung.

Überblick über das Dai Ko Myo-Symbol

2) Erscheinungsbild
a. Das Dai Ko Myo-Symbol hat ein komplexes Design, das oft als eine Reihe von Spiralen und Linien dargestellt wird. Die genaue Form kann zwischen verschiedenen Reiki-Traditionen leicht variieren, aber sein wesentlicher Kern bleibt immer derselbe.

3) Bedeutung und Zweck
a. **Erleuchtung und Ermächtigung:** *Dai Ko Myo* bedeutet „Großes Strahlendes Licht" oder „Große Erleuchtung". Es wird verwendet, um spirituelles Wachstum und persönliche Ermächtigung zu fördern.
b. **Heilung auf allen Ebenen:** Dieses Symbol soll auf allen Ebenen wirken – physisch, emotional, mental und spirituell – und umfassende Heilung ermöglichen.
c. **Verstärkung der Energie:** Dai Ko Myo verstärkt die Energie anderer Reiki-Symbole und -Techniken und ist daher ein äußerst kraftvolles Werkzeug für tiefe Heilprozesse.

Verwendungen des Dai Ko Myo-Symbols

1. Einweihungen

⋄ **Initiation:** Dai Ko Myo wird hauptsächlich während des Reiki-Einweihungsprozesses verwendet, um Schüler einzuweihen und zu ermächtigen. Es öffnet die Energiebahnen des Schülers für höhere Schwingungsfrequenzen der Reiki-Energie.

⋄ **Versiegelung der Energie:** Das Symbol wird benutzt, um die Einweihung zu versiegeln und sicherzustellen, dass die neuen Energiekanäle offen und im Gleichgewicht bleiben.

2. Heilsitzungen

⋄ **Tiefe Heilung:** Praktizierende verwenden Dai Ko Myo für tiefgehende Heilsitzungen, die sowohl Symptome als auch die zugrunde liegenden Ursachen von Beschwerden ansprechen.

⋄ **Spirituelles Wachstum:** Es kann eingesetzt werden, um spirituelles Erwachen und Wachstum zu fördern und Menschen zu helfen, sich mit ihrem Höheren Selbst und ihren spirituellen Führern zu verbinden.

⋄ **Energieverstärkung:** Dai Ko Myo kann mit anderen Reiki-Symbolen, wie Cho Ku Rei und Sei He Ki, kombiniert werden, um deren Wirkung zu verstärken und eine noch tiefere Heilung zu ermöglichen.

3. Selbst-Reiki

⋄ **Persönliche Ermächtigung:** Praktizierende nutzen dieses Symbol für sich selbst, um ihre eigene spirituelle Entwicklung und persönliche Ermächtigung zu fördern.

⋄ **Tägliche Praxis:** Die Integration von Dai Ko Myo in die tägliche Selbst-Reiki-Praxis hilft, einen hohen

Schwingungszustand und eine spirituelle Ausrichtung aufrechtzuerhalten.

Wie man das Dai Ko Myo-Symbol verwendet

1. Das Symbol zeichnen
◇ **Das Symbol visualisieren:** Beginnen Sie damit, das Symbol in Ihrem geistigen Auge zu visualisieren. Stellen Sie sich vor, wie es in einem hellen, strahlenden Licht leuchtet.
◇ **Mit Intention zeichnen:** Zeichnen Sie das Symbol mit Ihrer Hand in die Luft oder visualisieren Sie das Zeichnen im Geist. Richten Sie Ihre Aufmerksamkeit dabei auf die Absicht des Symbols – ob für Heilung, Ermächtigung oder spirituelles Wachstum.

2. Rezitation und Meditation
◇ **Den Namen rezitieren:** Das laut oder leise wiederholte Sprechen von „Dai Ko Myo" kann die Energie des Symbols aktivieren. Mehrfaches Wiederholen vertieft die Verbindung.
◇ **Meditation:** Meditieren Sie über das Symbol, indem Sie sich vorstellen, wie es Sie oder Ihren Klienten in sein strahlendes Licht einhüllt. Dies kann den Heilungsprozess verstärken und spirituelle Einsichten fördern.

3. Kombination mit anderen Symbolen
◇ **Cho Ku Rei:** Verwenden Sie Dai Ko Myo zusammen mit Cho Ku Rei, um die Kraft und den Fokus der Energie zu erhöhen.
◇ **Sei He Ki:** Kombinieren Sie es mit Sei He Ki zur emotionalen und mentalen Heilung.
◇ **Hon Sha Ze Sho Nen:** Nutzen Sie es mit Hon Sha Ze Sho Nen für Fernheilung oder Heilung vergangener Leben.

Vorteile des Dai Ko Myo-Symbols

1. Verbesserte spirituelle Entwicklung
⋄ Hilft Menschen, sich mit ihrem Höheren Selbst, spirituellen Führern und dem universellen Bewusstsein zu verbinden und fördert spirituelle Erleuchtung und Wachstum.

2. Umfassende Heilung
⋄ Wirkt auf allen Ebenen des Seins – körperlich, emotional, mental und spirituell – und bietet ganzheitliche Heilung.

3. Erhöhter Energiefluss
⋄ Verstärkt den Fluss der Reiki-Energie und macht Heilbehandlungen kraftvoller und wirkungsvoller.

4. Schutz und Reinigung
⋄ Bietet Schutz vor negativen Energien und hilft, das Energiefeld sowohl des Praktizierenden als auch des Empfängers zu reinigen.

5. Ermächtigung
⋄ Stärkt Praktizierende, indem es ihre Fähigkeit verbessert, Reiki-Energie zu kanalisieren und wirksame Heilungen durchzuführen.

Praktische Tipps für die Anwendung von Dai Ko Myo

1. Klare Intentionen
⬧ Setzen Sie immer eine klare Intention, bevor Sie Dai Ko Myo verwenden. Dies lenkt die Energie effektiv und verstärkt den Heilungsprozess.
⬧ Beispiel-Intention: „Ich verwende Dai Ko Myo, um spirituelles Wachstum zu fördern und tiefgehende Heilung auf allen Ebenen zu ermöglichen."

2. Regelmäßig üben
⬧ Integrieren Sie das Symbol in Ihre tägliche Reiki-Praxis, um sich mit seiner Energie vertraut zu machen und sicherer in der Anwendung zu werden.

3. Sich erden
⬧ Stellen Sie sicher, dass Sie gut geerdet sind, bevor Sie das Symbol anwenden, um Energieüberladung zu vermeiden und einen ausgeglichenen Energiefluss zu gewährleisten.

4. Offen bleiben
⬧ Seien Sie offen für spirituelle Einsichten und Führung, die bei der Anwendung von Dai Ko Myo entstehen können. Dieses Symbol fördert oft ein tieferes spirituelles Bewusstsein und Verständnis.

Dai Ko Myo – Zusammenfassung

Das Dai Ko Myo-Symbol ist ein kraftvolles und transformierendes Werkzeug im Repertoire eines Reiki-Meisters. Sein Hauptzweck besteht darin, spirituelle Erleuchtung zu fördern und tiefgehende Heilung auf allen Ebenen zu ermöglichen.
Durch das Verständnis und die regelmäßige Anwendung von Dai Ko Myo können Reiki-Praktizierende ihre heilenden Fähigkeiten erweitern und das spirituelle Wachstum sowie das Wohlbefinden ihrer Klienten unterstützen.

Der regelmäßige Einsatz dieses Symbols kann zu tiefgreifender persönlicher Stärkung und einer intensiveren Verbindung zur universellen Lebensenergie führen.

Weißes Licht

Das Reiki Weißlicht-Symbol

Das Reiki Weißlicht-Symbol, auch bekannt als *White Light* oder *Great White Light*, ist ein kraftvolles und in der Reiki-Praxis hoch verehrtes Energiesymbol. Obwohl es nicht zu den traditionellen Usui-Reiki-Symbolen gehört, wird es in vielen Reiki-Richtungen und Heilmethoden verwendet. Dieses Symbol repräsentiert reine, göttliche Energie und wird mit spiritueller Erleuchtung, Schutz und tiefgreifender Heilung in Verbindung gebracht.

Übersicht über das Reiki Weißlicht-Symbol

a. Erscheinungsbild

- Das Weißlicht-Symbol hat – im Gegensatz zu den traditionellen Reiki-Symbolen – **keine spezifische gezeichnete Form**.
- Es wird meist als **strahlendes weißes Licht** oder **Lichtstrahl**, der vom Himmel herabkommt, visualisiert.

b. Bedeutung und Zweck

a. Göttliche Energie

- Das Weißlicht-Symbol repräsentiert **reine, bedingungslose Liebe und göttliche Energie** aus den höchsten spirituellen Ebenen.

b. Spirituelle Erleuchtung

- Es steht in enger Verbindung mit **spirituellem Erwachen, Erleuchtung** und der Verbindung zum höheren Bewusstsein.

c. Schutz und Reinigung

- Das Symbol wird genutzt, um **vor negativen Energien zu schützen** sowie **Geist, Körper und Seele zu reinigen und zu klären**.

Verwendung des Reiki Weißlicht-Symbols

1. Spirituelle Heilung

- **Verbindung zum Höheren Selbst:**
  Das Weißlicht-Symbol unterstützt die Verbindung zum höheren Selbst und zu spirituellen Führern. Es öffnet Kanäle, um göttliche Führung und Weisheit zu empfangen.
- **Meditation:**
  Praktizierende nutzen das Symbol während der Meditation, um das spirituelle Bewusstsein zu erweitern und einen Zustand tiefer Ruhe und Erleuchtung zu erreichen.

2. Schutz

- **Schutzfelder erschaffen:**
  Die Visualisierung des Weißlichts kann ein schützendes Energiefeld um sich selbst oder andere erzeugen und vor negativen Energien oder äußeren Einflüssen schützen.

- **Raumreinigung:**
  Das Weißlicht-Symbol kann verwendet werden, um physische Räume energetisch zu reinigen und zu schützen, sodass sie rein und sicher bleiben.

3. Heilbehandlungen

- **Verstärkung der Reiki-Energie:**
  Während einer Reiki-Behandlung kann das Weißlicht-Symbol eingesetzt werden, um die Heilenergie zu verstärken und Schwingungen höchster Frequenz hereinzubringen.
- **Aura-Reinigung:**
  Es eignet sich hervorragend zur Reinigung und Stärkung der Aura, zum Lösen von Blockaden und zur Wiederherstellung energetischer Harmonie.

4. Fernheilung

- **Heilenergie senden:**
  Das Symbol kann in Fernheilungen verwendet werden, um kraftvolle, hochschwingende Energie über Zeit und Raum hinweg an Menschen in Not zu senden.

Wie man das Reiki Weißlicht-Symbol verwendet

1. Visualisierungstechniken

- **Meditation:**
  Während der Meditation visualisiere einen Strahl aus strahlend weißem Licht, der von oben herabkommt und dich in reine Energie einhüllt. Stelle dir vor, wie dieses Licht dein ganzes Sein erfüllt und dich mit dem Göttlichen verbindet.
- **Heilsitzungen:**
  Während du Reiki gibst, visualisiere, wie das Weißlicht durch deine Hände in den Empfänger fließt und ihn mit heilender und schützender Energie erfüllt.

2. Rezitation und Affirmationen

- **Rezitation:**
  Obwohl das Weißlicht-Symbol keinen spezifischen Namen zum Rezitieren hat, kann das Fokussieren auf Worte wie „Göttliches Licht" oder „Reines Licht" helfen, seine Energie zu aktivieren.
- **Affirmationen:**
  Verwende positive Affirmationen wie:
  „Ich bin vom göttlichen weißen Licht umgeben" oder *„Das weiße Licht der Reinheit erfüllt und schützt mich."*

3. Schutzfelder erschaffen

- **Persönlicher Schutz:**
  Visualisiere, wie das Weißlicht ein Schutzfeld um dich bildet, das dich vor negativen Energien oder äußeren Einflüssen bewahrt.

- **Raumreinigung:**
  Stelle dir vor, wie das Weißlicht einen Raum oder eine Umgebung erfüllt und reinigt, sodass ein heiliger und geschützter Raum entsteht.

4. Verstärkung anderer Reiki-Symbole

- **Kombination mit traditionellen Symbolen:**
  Verwende das Weißlicht-Symbol in Kombination mit traditionellen Reiki-Symbolen wie
  Cho Ku Rei, Sei He Ki und **Dai Ko Myo**, um deren Wirkung zu verstärken und höher schwingende Energie einzubringen.

Vorteile des Reiki-Weißlichtsymbols

1. Spirituelles Wachstum und Erleuchtung

- Unterstützt dabei, einen höheren Bewusstseinszustand, spirituelles Erwachen und eine tiefere Verbindung mit dem Göttlichen zu erreichen.

2. Kraftvolle Heilenergie

- Verstärkt die Wirksamkeit von Reiki-Heilsitzungen, indem es reine und kraftvolle Energie einbringt, die umfassende Heilung fördert.

3. Schutz und Reinigung

- Erzeugt ein Schutzfeld gegen negative Energien und reinigt Geist, Körper und Seele, wodurch ein sicherer und positiver Heilraum entsteht.

4. Verbesserte Intuition und Führung

- Erleichtert eine klarere Kommunikation mit spirituellen Führern und stärkt intuitive Fähigkeiten, sodass Führung und Weisheit leichter empfangen werden können.

Praktische Tipps für die Anwendung des Reiki-Weißlichtsymbols

5. Setze klare Intentionen

- Setze immer eine klare Absicht, wenn du das Weißlichtsymbol aktivierst. Deine Intention lenkt die Energie gezielt – sei es für Schutz, Heilung oder spirituelles Wachstum.

6. Regelmäßige Praxis

- Integriere das Weißlichtsymbol regelmäßig in deine Reiki-Praxis und Meditationsroutinen, um mit seiner Energie vertraut zu werden und seine Wirkung zu vertiefen.

7. Bleibe geerdet

- Während du mit hochfrequenter Energie wie dem Weißlicht arbeitest, achte darauf, geerdet zu bleiben. Dies hilft, Balance zu bewahren und die Energie sanft zu integrieren.

8. Vertraue dem Prozess

- Vertraue auf die Kraft des Weißlichtsymbols und die göttliche Energie, die es repräsentiert. Habe Vertrauen in seine Fähigkeit, tiefgreifende Heilung und Transformation zu bewirken.

Der **Reiki-Weißlichtsymbol** ist ein kraftvolles und vielseitiges Werkzeug für spirituelle Heilung, Schutz und Erleuchtung. Obwohl es nicht Teil des traditionellen Usui-Reiki-Systems ist, wird es in vielen Reiki-Praktiken aufgrund seiner tiefgreifenden Vorteile sehr geschätzt.

Wenn du das Weißlichtsymbol verstehst und in deine Reiki-Praxis integrierst, kannst du deine Heilfähigkeiten erweitern, spirituelles Wachstum fördern und einen sicheren, geschützten Raum für dich selbst und andere schaffen.

Teil „Zwei" der Einstimmungs-Meditation für Level 3

Lies diesen zweiten Teil **nachdem** du die Symbole gezeichnet hast:

Nun wirst du einen Durchgang bemerken... Auf der anderen Seite dieses Durchgangs, auf der Ebene der Erleuchtung, warten alle anderen wahren Meister des Universums darauf, dich zu treffen... Ich möchte jetzt, dass du zu diesem Durchgang hingehst...
Bevor wir hindurchgehen, möchte ich, dass du deinem Reiki-Meister erlaubst, dir dabei zu helfen, alles zu entfernen, was dich noch daran hindern würde, der Meister zu sein, der du bist...

Auf der anderen Seite dieser Tür befindet sich bedingungslose Liebe für dich.
Alles, was nicht Liebe ist, kann diesen Durchgang nicht passieren...
Alle Ängste, Urteile, Blockaden, Barrieren, Lügen, Unwahrheiten oder Verleugnungen sind keine Liebe.
Erlaube deinem Reiki-Meister jetzt, alle übrigen Blockaden, Barrieren, Ängste, Begrenzungen und alten, überholten Muster aus jeder Ebene deiner Seele und deines Körpers zu entfernen und sie jetzt freizugeben...

Und nun gehe durch den Durchgang...
und werde absorbiert, erfüllt, umarmt von bedingungsloser Liebe in allen Aspekten deines Lebens...
Alle wahren Meister des Universums sind dort, um dich zu begrüßen...

Sie umarmen dich… Sie ehren dich…
Erlaube dir, dies anzunehmen und es bis in den Kern deines
Seins zu fühlen…

Der Großmeister tritt zu dir und sagt:
„Hallo, willkommen. Ich bin so stolz auf dich für all das, was
du getan hast, um hierher zu kommen."
Und er fragt dich: „Hast du die Schlüssel zur Heilung?"
Und du sagst: „Ja, ich habe die Schlüssel zur Heilung."
Und er fragt dich: „Wirst du dich an sie erinnern?"
Und du sagst: „Ja, ich werde mich an sie erinnern."
Und er fragt dich: „Wirst du sicherstellen, dass sie nicht
verloren gehen?"
Und du sagst: „Ja, ich werde sicherstellen, dass sie nicht
verloren gehen."
Und er fragt dich: „Bist du ein Reiki-Meister?"
Und du sagst: „Ja, ich bin ein Reiki-Meister."
Und er fragt dich: „Was wirst du mit diesen Schlüsseln zur
Heilung tun, die du gefunden hast?"

Nun gibt dir der Großmeister ein Geschenk…
Dieses energetische Geschenk ist dafür gedacht, in deinen
Körper gelegt zu werden, sobald du zu ihm zurückkehrst, und
es wird dich bis auf Zellebene daran erinnern, dass du ein
Reiki-Meister bist – und dich selbst dafür zu ehren.
Er sagt dir, wohin du es in deinem physischen Körper legen
sollst und wie du es aktivierst…

Es ist nun Zeit zu gehen…
Der Großmeister ehrt dich erneut… umarmt dich… gratuliert
dir noch einmal zu dem Schritt, den du in die Meisterschaft

getan hast.
Auch die anderen Meister ehren dich erneut…

Es ist Zeit zu gehen, aber du weißt, dass du jederzeit hierher
zurückkehren kannst, um wieder bei ihnen zu sein…
Sie sind immer auf der geistigen Ebene bei dir…

Geh nun zurück durch den Durchgang, und dein Reiki-
Meister steht dort, gratuliert dir und sagt dir, wie er darüber
empfindet, dass du deine Reise in die Meisterschaft vollendet
hast.

Und nun hat sich deine Leiter in eine Feuerwehrstange
verwandelt, und du wirst die ganze Feuerwehrstange
hinuntergleiten, ganz hinunter in deinen Körper…

Hier bist du also –
auf halbem Weg zwischen Mond und Erde…
eine Meile über der Stadt…
auf dem Dach dieses Gebäudes…
hinunter durch die Decke dieses Raumes…
und ordnest dich so, dass du direkt zurück in deinen Körper
gleitest…
ganz hinunter bis zu deinen Zehen…

Und jetzt wirst du das Geschenk, das der Großmeister dir
gegeben hat, nehmen und es an die Stelle in deinem Körper
legen, die er dir genannt hat…

Nun wirst du drei tiefe Atemzüge nehmen.
Während du einatmest, atmest du den Quantensprung im
Bewusstsein ein, den du gemacht hast.

Während du ausatmest, programmierst du jede Zelle neu, ein Reiki-Meister zu sein.

Und jetzt…

Beim Einatmen… ein Quantensprung im Bewusstsein…
Beim Ausatmen… jede Zelle wird darauf programmiert, ein Reiki-Meister zu sein.

Beim Einatmen… ein Quantensprung im Bewusstsein…
Beim Ausatmen… jede Zelle wird darauf programmiert, ein Reiki-Meister zu sein.

Noch einmal:
Beim Einatmen… ein Quantensprung im Bewusstsein…
Beim Ausatmen… jede Zelle wird darauf programmiert, ein Reiki-Meister zu sein.

Ich werde jetzt von eins bis drei zählen, und wenn ich bei drei angekommen bin, wirst du hellwach, vollkommen aufmerksam und wunderbar fühlen – im Wissen, dass jede Zelle deines Körpers auf Reiki-Meister-Grad eingestimmt wurde.

Eins, jede Zelle bis hinunter zur DNA ist auf den Reiki-Meister-Grad eingestimmt…
Zwei, es ist lediglich eine Frage, dir dessen bewusst zu werden und es zu ehren…
Drei, wach, fühlst dich wunderbar, streckst deine Arme und Beine, wackelst mit deinen Zehen und fühlst dich großartig!

Lassen Sie nun jede Schülerin und jeden Schüler über ihre Erfahrung sprechen
(wen sie als ihren Reiki-Meister in der Spiritwelt getroffen haben).

Verständnis der Auren

Wesentliches Wissen für Reiki-Level-3-Schüler

Mehr über dieses Thema wird in meinem Buch gelehrt.

"Secrets of a Healer – Magic of Reiki (Vol X)

Trade paperback ISBN: 978-1-7772220-0-0
eBook ISBN 978-1-7772220-1-7

Einführung in Auren

Eine Aura ist ein elektromagnetisches Energiefeld, das den physischen Körper umgibt und durchdringt. Dieses Feld spiegelt unsere körperlichen, emotionalen, mentalen und spirituellen Zustände wider. Das Verständnis der Auren ist im Reiki von großer Bedeutung, da sie eine wesentliche Rolle im Heilungsprozess spielen.

Was ist eine Aura?

1. Energiefeld

Die Aura besteht aus mehreren Energieschichten, die sich über den physischen Körper hinaus ausdehnen. Jede Schicht entspricht verschiedenen Aspekten unseres Seins.

2. Farben und Muster

Auren können verschiedene Farben und Muster zeigen, die jeweils unterschiedliche emotionale, mentale und spirituelle Zustände repräsentieren.
Diese Farben können sich je nach Stimmung, Gesundheit und spirituellem Zustand einer Person verändern.

Die Bedeutung der Auren im Reiki

1. Diagnose und Heilung

Reiki-Praktizierende können durch das Verständnis und Wahrnehmen von Auren Ungleichgewichte und Blockaden im Energiefeld einer Person erkennen.
Diese Fähigkeit ermöglicht präzisere und effektivere Heilbehandlungen.

2. Verbindung zu den Chakren

Auren stehen in enger Verbindung mit den Chakren, den Energiezentren des Körpers.
Ein Ungleichgewicht in der Aura weist oft auf ein Problem in einem oder mehreren Chakren hin.

3. Energiefluss

Die Aura spiegelt den Fluss der Lebensenergie (Reiki) im und um den Körper wider.
Eine gesunde Aura zeigt einen ausgeglichenen und harmonischen Energiefluss an.

Warum Schüler der Stufe 3 Auren verstehen müssen

1. Fortgeschrittene Heiltechniken

◆ **Aurareinigung:**
Auf der Meisterstufe lernen die Schüler fortgeschrittene
Techniken zur Reinigung und Harmonisierung der Aura.
Dieser Prozess beinhaltet das Entfernen negativer Energien
und das Verstärken des positiven Energieflusses.

◆ **Chakra-Ausgleich:**
Das Verständnis der Aura ermöglicht es Meistern, Chakren
effektiver auszugleichen und sicherzustellen, dass jedes
Energiezentrum optimal funktioniert.

2. Verbesserte Wahrnehmung

◆ **Intuitive Fähigkeiten:**
Schüler der Meisterstufe entwickeln häufig erhöhte intuitive
Fähigkeiten, wodurch sie die Farben und Muster der Aura
genauer wahrnehmen und interpretieren können.

◆ **Energetische Sensitivität:**
Eine höhere Sensitivität gegenüber Energiefeldern ermöglicht
es Meistern, subtile Ungleichgewichte frühzeitig zu erkennen
und zu behandeln, bevor sie sich körperlich oder emotional
manifestieren.

3. Unterrichten und Einstimmen anderer

◆ **Anleitung von Schülern:**
Beim Unterrichten von Reiki müssen Meister ihre Schüler
darin anleiten, die Aura wahrzunehmen und zu verstehen.

Dieses Wissen unterstützt neue Praktizierende dabei, wirkungsvollere Heiler zu werden.

⋄ **Attunement-Prozess:**
Während Einweihungen ist das Verständnis der Aura entscheidend. Meister müssen sicherstellen, dass die Aura des Schülers klar und empfänglich für die übertragene Reiki-Energie ist.

Praktische Anwendungen in der Level-3-Ausbildung

1. Aura-Lesen in der Praxis

⋄ **Übungen und Techniken:**
Meister lehren ihre Schüler verschiedene Übungen, um Auren zu sehen und zu fühlen. Diese Praxis verbessert die Fähigkeit, mit Energiefeldern zu arbeiten.

⋄ **Interpretationsfähigkeiten:**
Schüler lernen, die Farben und Muster der Aura zu interpretieren, was wertvolle Einblicke in das Wohlbefinden des Klienten ermöglicht.

2. Methoden der Aurareinigung

⋄ **Praktische Techniken:**
Schüler üben verschiedene praktische Techniken zur Reinigung der Aura, wie z. B. ausstreichende Handbewegungen, Reiki-Symbole oder Visualisierungen.

⋄ **Werkzeuge und Hilfsmittel:**
Meister können Hilfsmittel wie Kristalle, Salbei oder Klangtherapie vorstellen, um die Aurareinigung zu unterstützen.

3. Integration mit Reiki-Symbolen

◇ Anwendung der Symbole:
Schüler lernen, Reiki-Symbole wie Cho Ku Rei (Kraftsymbol) und Dai Ko Myo (Meistersymbol) in ihre Aura-Heilpraktiken zu integrieren.

◇ Verstärkter Energiefluss:
Der Einsatz von Symbolen in der Auraarbeit verstärkt den Reiki-Energiefluss und fördert tiefere und umfassendere Heilung.

Das Verständnis und die Arbeit mit Auren

Das Verständnis und die Arbeit mit Auren sind ein grundlegender Bestandteil der Reiki-Level-3-Ausbildung. Es vermittelt den Schülern das Wissen und die Fähigkeiten, die für fortgeschrittene Heiltechniken erforderlich sind, stärkt ihre intuitive Wahrnehmung und bereitet sie darauf vor, andere effektiv zu lehren und einzuweihen.

Durch das Meistern der Auratechniken können Reiki-Praktizierende ganzheitlichere und kraftvollere Heilbehandlungen anbieten und tragen so zu ihrem Wachstum als Reiki-Meister bei.

Fortgeschrittene Reiki-Praktiken für Level-3-Schüler

Arten von Reiki-Behandlungen:

1. **Physische Heilung**
2. **Fernheilung**
   a) Visualisation
   b) Vollständige Fernbehandlung
   c) Sandwich-Behandlung
3. **Mentale Heilung**
4. **Emotionale Heilung**
5. **Spirituelle Heilung**
   a. Chakra-Reinigung
   b. Harmonisierung der Chakren
   c. Erdungsübung
   d. Kausale-Ebene-Arbeit

Vertiefe dein Verständnis und deine Meisterschaft im Reiki, indem du dich auf Techniken wie Reinigung, Harmonisierung der Chakren, Erdungsübungen und Arbeit auf der Kausalen Ebene konzentrierst.

Diese Praktiken verstärken deine Heilfähigkeiten und vertiefen deine spirituelle Verbindung.

Chakra-Reinigung

Die Chakren verstehen:

⋄ **Sieben Hauptenergiezentren:** Chakren sind die sieben wichtigsten Energiezentren in deinem Körper, von denen jedes mit bestimmten Energiequalitäten verbunden ist. Dazu gehören:

1. **Wurzelchakra (Muladhara):** Steht in Verbindung mit Überleben, Erdung und materiellen Bedürfnissen.
2. **Sakralchakra (Svadhisthana):** Verknüpft mit Kreativität, Sexualität und Emotionen.
3. **Solarplexuschakra (Manipura):** Verbunden mit Willenskraft, persönlicher Kraft und Emotionen.
4. **Herzchakra (Anahata):** Repräsentiert bedingungslose Liebe, Mitgefühl und Heilung.
5. **Halschakra (Vishuddha):** Regelt Kommunikation, Ausdruck und Wahrheit.
6. **Drittes-Auge-Chakra (Ajna):** Verbunden mit Intuition, Einsicht und Selbstbeherrschung.
7. **Kronenchakra (Sahasrara):** Steht für spirituelle Verbindung und Erleuchtung.

Warum Chakren reinigen:

1. **Energiefluss:** Klare Chakren gewährleisten einen freien Fluss der Reiki-Energie und verbessern deine Fähigkeit zu heilen und dich spirituell zu verbinden. Blockaden können zu körperlicher, geistiger, emotionaler und spiritueller Disharmonie führen.

Wie man Chakren reinigt:

Meditationspraxis:

Praktiziere regelmäßig eine Chakra-Reinigungsmeditation, um einen optimalen Energiefluss aufrechtzuerhalten. Um die besten Ergebnisse zu erzielen, beginne damit, dies täglich zu tun.

1. **Meditation zur Reinigung negativer Energie mit Dr. Constance Santego – YouTube**
   https://youtu.be/4cYKHYDLUIo
2. **Reinigung mit der Chakra-Schnur-Meditation:**
   ⬦ Lege dich hin oder setze dich bequem.
   ⬦ Stelle dir dein Basis-/Wurzelchakra vor. Stelle dir vor, es sei rot und habe die Form einer Lotusblume (ähnlich einer Seerosenblüte).
   - o Stelle dir vor, wie sich diese rote Blume öffnet und alle daran haftenden *Aka-Schnüre* entfernt werden (die Hawaiianer glauben, dass wir energetische Schnüre zu Menschen haben. Entferne sie, indem du dir vorstellst, wie sie einfach weggewischt werden – wie ein Telefonkabel).
   - o Wir schneiden die Schnüre nicht durch; wir entfernen sie wie Wurzeln für immer.
   - o Sobald alle Schnüre entfernt sind, versiegelst du die Blume mit einer klaren Blase.

⬦ Gehe weiter zum Sakral-/Hara-/Milzchakra. Stelle es dir orangefarben vor, in der Form einer Lotusblume. Entferne alle Aka-Schnüre und versiegel die Blume anschließend mit einer klaren Blase.

⋄ Wiederhole diese Sequenz:

- **Solarplexuschakra:** gelbe Lotusblume – Aka-Schnüre entfernen – mit klarer Blase versiegeln.
- **Herzchakra:** grüne Lotusblume – Aka-Schnüre entfernen – mit klarer Blase versiegeln.
- **Halschakra:** blaue Lotusblume – Aka-Schnüre entfernen – mit klarer Blase versiegeln.
- **Stirn-/Drittes-Auge-Chakra:** indigofarbene Lotusblume – Aka-Schnüre entfernen – mit klarer Blase versiegeln.
- **Kronenchakra:** violette Lotusblume – Aka-Schnüre entfernen – mit klarer Blase versiegeln.

Wenn du fertig bist, stelle dir folgendes vor:

⋄ **Stell dir ein wunderschönes weißes Licht vor** – himmlische Energie, die
a. durch deinen Kopf hinabströmt,
b. deinen Rücken hinunterfließt,
c. sich dann wendet und durch das Wurzelchakra nach oben steigt,
d. weiter die gesamte Wirbelsäule hinauf durch alle Chakren bis zum Kronenchakra.

Dieses Licht **reinigt alle Chakren**, indem es aus jedem Chakra heraustritt und am Kronenchakra
e. **einen strahlenden Energiebrunnen bildet**, der deine Aura reinigt.

⋄ **Stelle dir vor, dass deine Füße mit der Erde verbunden sind,** und dass die Erdenergie (ein wunderschönes Braun)

216 DR. CONSTANCE SANTEGO

f. durch deinen Körper nach oben steigt, sich mit der himmlischen Energie vermischt und dich erdet.

⋄ **Denke nun an positive Affirmationen**
(z. B. *Ich bin selbstbewusst. Ich bin glücklich. Ich bin erfolgreich.*)
Und **versiegle diese Affirmationen in deiner DNA**.

g. Abschließend: Wenn du fertig bist, atme tief ein, **bewege deine Finger und Zehen**, öffne deine Augen ... und fühle dich **erneuert und gestärkt**.

Reinigung mit der Farb-Licht-Meditation

1. **Spüre**, wo sich negative Energie in deinem Körper befindet.
   Wenn es mehrere Bereiche gibt, führe die Übung für jeden einzeln aus.
   a. **Welche Farbe hat diese Energie?**
2. **Stelle dir einen Körperbereich vor**, aus dem diese Farbenergie hinausströmen kann –
   entweder in einen **kosmischen Mülleimer** oder sie wird **herausgesaugt**.
3. **Stell dir vor, wie kristallklares, funkelndes Liebeslicht** durch dein Kronenchakra eintritt
   und die Farbenergie durch deinen Körper hindurch nach außen in den kosmischen Mülleimer schiebt.
4. Sobald die Farbe vollständig verschwunden ist und nur noch das klare, funkelnde Liebeslicht bleibt, **bringe deine Lieblingsfarbe hinein** (und lass sie funkeln).
5. Wenn diese neue Farbe die ursprüngliche klare Liebeslicht-Energie ersetzt hat,

lasse sie für einen Moment ebenfalls etwas
hinausströmen, um sicherzugehen,
dass wirklich alles Klare entfernt wurde.

6. Frage nun, ob **weitere Bereiche mit negativer Energie**
gereinigt werden müssen.

7. Wenn *ja*, wiederhole die Schritte.
Wenn *nein*, **bringe positive Wörter oder
Affirmationen** in deinen Körper ein.

8. Wenn du fertig bist, **atme tief ein,
bewege deine Zehen** und sage: *„Ich fühle mich
wunderbar."*

Harmonisierung der Chakren

Wichtigkeit der Harmonisierung:

Ausgeglichene Energie:

Die Harmonisierung der Chakren sorgt dafür, dass der
Energiefluss ausgeglichen bleibt. Dadurch werden sowohl
Überschüsse als auch Defizite in einem Energiezentrum
verhindert, die sonst zu körperlichen, emotionalen, mentalen
oder spirituellen Disharmonien führen können.

Techniken zur Harmonisierung

1. Harmonisierungsmethode 1

- **Handposition:**
Lege eine Hand auf dein **Wurzelchakra** und die andere
auf dein **Drittes-Auge-Chakra**.

- **Energieausgleich:**
  Halte beide Positionen, bis du spürst, dass **beide Chakren dieselbe Energie oder Temperatur** aufweisen.
- **Fortlaufende Sequenz:**
  Wiederhole diesen Vorgang für folgende Paare:
  - ◇ **Kehlchakra** und **Sakralchakra**
  - ◇ **Herzchakra** und **Solarplexus-Chakra**

  Bei jedem Paar wartest du, bis sich die Energie harmonisiert hat.

2. Harmonisierungsmethode 2

- **Wurzelchakra-Fokus:**
  Eine Hand bleibt **ständig auf dem Wurzelchakra**.
- **Ausgleich der übrigen Chakren:**
  Mit der anderen Hand gehst du nacheinander jedes Chakra durch und harmonisierst es — von Sakralchakra bis Kronenchakra — während die erste Hand den stabilen Erdungspunkt hält.

3. Harmonisierungsmethode 3

- **Drittes-Auge-Fokus:**
  Eine Hand bleibt die ganze Zeit auf dem **Dritten-Auge-Chakra**.
- **Ausgleich der übrigen Chakren:**
  Mit der anderen Hand harmonisierst du jedes Chakra der Reihe nach — von Wurzelchakra bis Kronenchakra — während das Dritte Auge als energetisches Zentrum der Wahrnehmung konstant bleibt.

Erdungsübung

Wichtigkeit der Erdung:

Verbindung zur Erde:
Erdung verbindet dich mit der Energie der Erde und hilft dabei, übermäßige Gedanken, Ängste und Sorgen zu lösen. Sie bringt Stabilität, Klarheit und Balance in dein Energiefeld und unterstützt einen ruhigen, ausgeglichenen Geist.

Schritte zur Erdung

1. Vorbereitung

- **Entspannte Haltung:**
  Stelle dich hüftbreit hin und schließe sanft die Augen.

2. Atmung

- **Tiefes Atmen:**
  Atme tief ein und lasse mit jedem Ausatmen alle Spannungen los.
- Wiederhole dies zwei- bis dreimal.

3. Energievisualisierung

- **Einatmung über den linken Fuß:**
  Während du einatmest, stelle dir vor, wie du reine Erdenergie durch deinen linken Fuß aufnimmst, sie durch dein Bein nach oben ziehst und in dein **Wurzelchakra** leitest.

- **Ausatmung über das rechte Bein:**
  Beim Ausatmen visualisiere, wie die Energie durch
  dein rechtes Bein zurück in die Erde fließt, dich reinigt,
  beruhigt und stabilisiert.

4. Dauer

- Führe diesen Prozess **5 bis 10 Minuten** lang aus, oder
  länger, wenn du noch mehr Erdung benötigst.

Kausalebenenarbeit

Verständnis der Reiki-Kausalebenenarbeit

Willkommen in den fortgeschrittenen Lehren des Reiki!
Im Reiki-Level 3 (Shinpiden) wirst du die Arbeit auf der
Kausalebene kennenlernen – eine kraftvolle Technik, um auf
einer tieferen, spirituellen Ebene mit anderen in Verbindung
zu treten. Diese Methode ist besonders hilfreich, um
spirituelle Verbindungen aufzubauen, deine Praxis zu
erweitern und sogar Gleichgesinnte oder Klienten energetisch
anzuziehen.

Was ist die Kausalebene?

Die **Kausalebene** ist eine höhere Bewusstseinsebene, auf der
unsere Seelen jenseits der physischen und mentalen Ebenen
interagieren und kommunizieren können.
Sie wird oft als „**Seelenebene**" oder „**Traumzustand**"
bezeichnet.
Auf dieser Ebene kannst du mit anderen auf einer
tiefgreifenden spirituellen Ebene in Kontakt treten.

Diese Arbeit geschieht meist während eines meditativen oder
halb-bewussten Zustandes – zum Beispiel **kurz vor dem
Einschlafen**.

Warum ist Kausalebenenarbeit im Reiki wichtig?

Die Arbeit auf der Kausalebene ermöglicht dir:

⬦ Spirituelle Verbindungen aufzubauen

Verbinde dich mit dem Höheren Selbst anderer Menschen – einschließlich potenzieller Klienten, Schüler oder Partner.

⋄ Heilung zu verstärken

Sende heilende Intentionen an Menschen in Not, unabhängig von körperlicher Distanz.

⋄ Ziele zu manifestieren

Ziehe Menschen und Gelegenheiten an, die mit deinen spirituellen und beruflichen Zielen harmonieren.

Wie man Reiki-Kausalebenenarbeit durchführt

Hier findest du eine Schritt-für-Schritt-Anleitung zur Durchführung der Kausalebenenarbeit:

1. Vorbereitung

> ⋄ **Eine ruhige Umgebung schaffen:**
> Finde einen stillen Ort, an dem du nicht gestört wirst. Stelle sicher, dass die Umgebung angenehm und meditativ ist.

> ⋄ **Entspannen:**
> Beginne damit, Körper und Geist zu entspannen. Atme einige Male tief ein und aus, um dich zu zentrieren.

2. Eintritt in den meditativen Zustand

⬥ Halbschlaf-Zustand:
Diese Arbeit wird am besten durchgeführt, **kurz bevor du einschläfst**, wenn du dich in einem halb wachen, halb schlafenden Zustand befindest. Dieser Bewusstseinszustand eignet sich optimal, um Zugang zur Kausalebene zu erhalten.

⬥ Setze deine Absicht:
Formuliere klar, was du mit der Kausalebenenarbeit erreichen möchtest.
Beispiele:
– Verbindung mit potenziellen Klienten
– Heilenergie an jemanden senden, der Unterstützung benötigt

3. Affirmation

⬥ Wiederhole die Affirmation:
Während du dich entspannst und auf den Schlaf vorbereitest, wiederhole folgende Affirmation:

„Heute Nacht werde ich auf der Kausal- (oder Traum-, oder Astral-) Ebene mein Sein (oder meine Seele, meinen Geist) aussenden, um all jene Wesen zu finden, deren Körper, Geist, Seele und Emotionen von meinen Reiki-Fähigkeiten und -Diensten profitieren können – und von deren Begegnung ich emotional und spirituell profitieren werde."

⋄ **Wiederholung:**
Wenn du nachts aufwachst, wiederhole die
Affirmation erneut, um deine Absicht zu verstärken.

4. Erweiterte Affirmation

Für die nächsten drei Nächte kannst du die
Affirmation erweitern:

„Ich möchte ihr höheres Selbst bitten, ihnen genau
mitzuteilen, wo sie mich finden können."

5. Visualisierung der Verbindung

⋄ **Die Begegnung vorstellen:**
Während du in den Schlaf gleitest, visualisiere, wie
deine Seele andere Wesen auf der Kausalebene erreicht
und mit ihnen in Verbindung tritt.
Stelle dir diese Interaktion so klar wie möglich vor, mit
Fokus auf den positiven Austausch von Energie und
Intention.

6. Nach dem Aufwachen

⋄ **Reflektieren und Tagebuch führen:**
Nach dem Erwachen nimm dir einen Moment Zeit,
über deine Träume oder Eindrücke der Nacht
nachzudenken.
Notiere sie in einem Journal – sie können Hinweise
oder Botschaften aus der Kausalebene enthalten.

7. Vorteile der Kausalebenenarbeit

⋄ Erweiterte spirituelle Wahrnehmung:

Vertiefe die Verbindung zu deinem Höheren Selbst und zu anderen auf spiritueller Ebene.

⋄ Anziehen von Klienten und Gelegenheiten:

Durch die Intention, mit Menschen in Kontakt zu treten, die von deiner Reiki-Arbeit profitieren, kannst du neue Klienten oder passende Möglichkeiten anziehen.

⋄ Senden von Heilenergie:

Erweitere deinen Einflussbereich, indem du Reiki an Menschen sendest, selbst wenn sie nicht körperlich anwesend sind.

⋄ Aufbau eines spirituellen Netzwerks:

Stärke dein spirituelles Umfeld, indem du dich mit Gleichgesinnten verbindest, die deine Werte und Vision teilen.

Praktische Tipps

⋄ Konsistenz:

Übe die Kausalebenenarbeit regelmäßig, um deine Fähigkeit zu stärken, auf dieser Ebene zu kommunizieren.

⋄ Offenes Bewusstsein:

Bleibe offen und empfänglich für Botschaften und Verbindungen – sie können in unerwarteter Form auftreten.

⋄ Selbstfürsorge:

Achte auf guten Schlaf und auf deine körperliche und emotionale Gesundheit, da dies deine Fähigkeit zur Kausalebenenarbeit unterstützt.

Die Integration von Kausalebenenarbeit in deine Reiki-Praxis erweitert deine Fähigkeit, dich zu verbinden, zu heilen und spirituell zu wachsen.
Diese fortgeschrittene Technik eröffnet neue Dimensionen der Interaktion und Manifestation und bereichert sowohl deine persönliche als auch deine professionelle Reiki-Reise.

Reiki-Meister = Lehrer

Unterrichten von Reiki Level 3: Meistergrad und die Fähigkeit zu lehren und einzuweihen

Reiki Level 3, auch bekannt als der **Meistergrad**, ist ein bedeutender Meilenstein auf dem Weg eines Reiki-Praktizierenden. Dieser Grad vertieft nicht nur die heilenden Fähigkeiten des Praktizierenden, sondern befähigt ihn auch, **Reiki zu unterrichten** und andere durch **Einweihungen (Attunements)** in die Reiki-Energie einzuweihen.

Der Meistergrad ist weit mehr als eine erweiterte Techniktstufe – er markiert den Übergang von der persönlichen Heilung zur **spirituellen Führung**. Unten findest du einen Überblick darüber, was es bedeutet, den Meistergrad zu erreichen, und welche Verantwortlichkeiten damit verbunden sind.

Überblick über den Meistergrad

1. Meistersymbole

- Auf der Meisterebene werden die Symbole **Raku, Dai Ko Myo** und das **Weiße Licht** eingeführt.
- Diese Symbole unterstützen tiefgreifende Heilung, spirituelle Entwicklung und den Prozess der Einweihung.

2. Erweiterte Techniken

- Reiki-Meister erlernen fortgeschrittene Heiltechniken wie **Aura-Reinigung, Chakra-Harmonisierung** und **spirituelle Heilmethoden**.
- Diese Techniken ermöglichen es Meistern, umfassende und tiefgehende Heilungssitzungen anzubieten.

3. Spirituelles Wachstum

- Der Meistergrad legt starken Fokus auf die **spirituelle Entwicklung** des Praktizierenden.
- Er fördert eine tiefere Verbindung zur universellen Lebensenergie und zum höheren Selbst.
- Dieser Grad unterstützt **persönliche Ermächtigung**, Selbstbewusstsein und Erleuchtung.

4. Fähigkeit zu lehren und einzuweihen

Reiki unterrichten

- **Curriculum-Entwicklung:** Reiki-Meister lernen, ein vollständiges Unterrichtsprogramm für Reiki Level 1, 2 und 3 zu entwickeln. Dazu gehören Lehrpläne, Unterrichtsmaterialien und praktische Übungen.
- **Klassenführung:** Meister lernen, wie man eine Klasse kompetent führt, sodass jeder Schüler die notwendige Betreuung, Anleitung und Unterstützung erhält.

Einweihungen durchführen

- **Einweihungsprozess:** Meister werden im detaillierten Ablauf der Reiki-Einweihungen unterrichtet.

- Jede Stufe – Shoden (Level 1), Okuden (Level 2) und Shinpiden (Level 3) – besitzt eigene Rituale, Symbole und Anforderungen.

5. Detaillierte Verantwortlichkeiten eines Reiki-Meisters

Durchführen von Einweihungen

- **Einweihung Level 1**: Öffnet die Energiebahnen des Schülers, um Reiki empfangen zu können. Das Cho-Ku-Rei-Symbol wird genutzt, um zu stärken und zu schützen.
- **Einweihung Level 2**: Führt die Symbole **Sei He Ki** (emotionale Heilung) und **Hon Sha Ze Sho Nen** (Fernheilung) ein und erweitert die Fähigkeiten des Schülers.
- **Einweihung Level 3**: Die Meistereinweihung umfasst das **Dai Ko Myo**, eine tiefgreifende spirituelle Initiation, die den Schüler befähigt, zu lehren und selbst einzuweihen.

6. Lehrmethodik

- **Theorieunterricht**: Meister vermitteln Reiki-Geschichte, Grundsätze und ethische Richtlinien.
- **Praktische Anwendung**: Sie führen die Schüler in praktische Reiki-Techniken ein, demonstrieren Handpositionen und überwachen deren Ausführung.
- **Mentorschaft**: Meister bieten kontinuierliche Unterstützung an, damit Schüler Reiki sicher und wirksam in ihr Leben integrieren können.

7. Ethische Überlegungen

- **Integrität:** Reiki-Meister müssen hohe ethische Standards aufrechterhalten und die Reinheit der Reiki-Lehren bewahren.
- **Respekt:** Jeder Schüler wird in seinem individuellen spirituellen Prozess respektiert und unterstützt.
- **Vertraulichkeit:** Vertrauen und Diskretion zwischen Meister und Schüler sind von größter Bedeutung.

8. Persönliche und berufliche Weiterentwicklung

- **Lebenslanges Lernen:** Meister verpflichten sich zur fortlaufenden persönlichen und spirituellen Entwicklung.
- **Gemeinschaft:** Austausch mit der Reiki-Gemeinschaft durch Workshops, Reiki-Kreise und Veranstaltungen fördert Wachstum und Verbundenheit.

9. Ein heilendes Umfeld schaffen

- **Heiliger Raum:** Ein energetisch klarer und ruhiger Raum unterstützt den Einweihungsprozess und fördert ein angenehmes Lernerlebnis.
- **Vorbereitung:** Meister bereiten sowohl den Raum als auch sich selbst energetisch vor jeder Sitzung sorgfältig vor.

10. Unterrichtsmaterialien entwickeln

- **Handbücher und Arbeitsblätter:** Umfassende Materialien helfen den Schülern, das Gelernte zu behalten und jederzeit nachzuschlagen.

- **Visuelle Hilfsmittel:** Diagramme, Symbole und Schaubilder unterstützen besonders visuelle Lernende beim Verständnis komplexer Zusammenhänge.

Die Rolle eines Reiki-Meisters

1. Heiler

- Als Heiler bietet der Reiki-Meister weiterhin **fortgeschrittene Heilbehandlungen** an, die tiefere Ebenen der Heilung erreichen und das allgemeine Wohlbefinden fördern.

2. Lehrer

- Als Lehrer gibt der Meister sein Wissen und seine Techniken an Schüler weiter und **befähigt sie**, wirkungsvolle Reiki-Praktizierende zu werden.

3. Initiator

- Als Initiator führt der Meister **Einweihungen (Attunements)** durch und ermöglicht so die Übertragung der Reiki-Energie auf neue Praktizierende.
- Dadurch werden diese befähigt, **sich selbst und andere zu heilen.**

4. Führer und Mentor

- Der Meister fungiert als spiritueller Führer und Mentor, unterstützt seine Schüler auf ihrem Reiki-Weg, bietet Rat an und hilft ihnen,

Herausforderungen sowie spirituelles Wachstum zu meistern.

Zusammenfassung

Reiki Level 3 – der Meistergrad – ist eine **transformative Stufe** auf dem Weg eines Reiki-Praktizierenden.
Er erweitert nicht nur die eigenen Heilfähigkeiten, sondern überträgt auch die **heilige Verantwortung**, Reiki zu lehren und andere einzuweihen.

Durch die Übernahme der Rollen:

- **Heiler**
- **Lehrer**
- **Initiator**
- **Mentor**

trägt der Reiki-Meister dazu bei, die heilenden und spirituellen Vorteile von Reiki zu verbreiten und eine Gemeinschaft von **erleuchteten und ermächtigten Menschen** aufzubauen.

Dieser bedeutungsvolle Weg erfordert:

- Hingabe
- kontinuierliches Lernen
- und das Engagement, die **Integrität und Reinheit** der Reiki-Tradition zu bewahren.

Vorbereitung auf das Unterrichten von Reiki

1. Persönliche Vorbereitung

- **Meisterzertifizierung:**
  Stellen Sie sicher, dass Sie Ihre eigene Reiki-
  Meisterausbildung abgeschlossen haben und über
  ausreichende Erfahrung in der Reiki-Praxis verfügen.
- **Kontinuierliche Praxis:**
  Pflegen Sie eine regelmäßige Reiki-Praxis zur
  persönlichen Weiterentwicklung und zur
  Aufrechterhaltung klarer, ausgeglichener Energie.
- **Unterrichtsplanung:**
  Entwickeln Sie detaillierte Unterrichtspläne für jedes
  Level, einschließlich Lernzielen, praktischen Übungen
  und benötigten Materialien.

2. Einrichtung Ihrer Kurse

- **Ort:**
  Wählen Sie einen ruhigen, komfortablen und
  energetisch geklärten Raum für Ihren Unterricht. Eine
  harmonische Umgebung unterstützt die Energiearbeit
  und den Lernprozess.
- **Materialien:**
  Bereiten Sie alle benötigten Unterlagen vor, wie z. B.
  Handouts, Unterrichtsmanuale, Diagramme sowie
  Werkzeuge, die für Einweihungen (Attunements)
  notwendig sind.

- **Klassengröße:**
  Legen Sie eine Klassengröße fest, die es Ihnen
  ermöglicht, jedem Schüler individuelle
  Aufmerksamkeit und effektive Anleitung zu bieten.

Unterrichten von Reiki Level 1: Die Grundlagen

Ziel:
Die Schüler werden in die Grundlagen des Reiki eingeführt –
einschließlich seiner Geschichte, Prinzipien und
grundlegenden Techniken. Am Ende dieses Levels sollten die
Schüler in der Lage sein, Selbstheilung durchzuführen sowie
anderen Reiki zu geben.

1. Einführung in Reiki

- **Geschichte:**
  Vermitteln Sie die Geschichte und den Ursprung von
  Reiki, einschließlich der Beiträge von Dr. Mikao Usui.
- **Prinzipien:**
  Erklären Sie die fünf Reiki-Prinzipien und ihre
  Bedeutung im täglichen Leben.

2. Energie und Chakren

- **Verständnis von Energie:**
  Besprechen Sie das Konzept der Lebensenergie (Ki)
  und ihre Bedeutung in der Reiki-Praxis.
- **Chakren:**
  Führen Sie das Chakrensystem ein und erläutern Sie

dessen Relevanz für Energieheilung und ganzheitliches Wohlbefinden.

3. Einweihung (Attunement)

- **Einweihungsprozess:**
  Führen Sie die Einweihungszeremonie für Level 1 durch und öffnen Sie die Energiebahnen der Schüler für die Reiki-Energie.
- **Erfahrungsaustausch:**
  Geben Sie den Schülern Raum, ihre Erfahrungen, Empfindungen oder Visionen nach der Einweihung zu teilen.

4. Reiki-Symbole

- **Einführung in die Symbole:**
  Stellen Sie das Reiki-Symbol **Cho Ku Rei** (Kraftsymbol) vor und erklären Sie seine Bedeutung und Anwendung.

5. Handpositionen

- **Selbstheilung:**
  Demonstrieren und üben Sie mit den Schülern die Handpositionen für die Selbstbehandlung.

6. Übungseinheiten

- **Geführte Praxis:**
  Leiten Sie geführte Übungssitzungen für die Selbstheilung an, damit die Schüler Vertrauen in den Ablauf und die Technik gewinnen.

- **Feedback:**
  Geben Sie Rückmeldung und beantworten Sie Fragen, um den Schülern zu helfen, ihre Technik zu verfeinern und ein tieferes Verständnis zu entwickeln.

7. Hausaufgaben und tägliche Praxis

- **Tägliche Reiki-Praxis:**
  Ermutigen Sie die Schüler, täglich Selbst-Reiki zu praktizieren, um den Energiefluss zu stabilisieren und ihre Verbindung zu stärken.
- **Tagebuchführung:**
  Schlagen Sie vor, ein Reiki-Tagebuch zu führen, um Erfahrungen, Gefühle, innere Veränderungen und Fortschritte festzuhalten.

Reiki Level 2 unterrichten: Die Verbindung vertiefen

Ziel: Die Schüler in Reiki-Symbole sowie fortgeschrittene mentale, emotionale und Fernheilungstechniken einführen. Am Ende dieses Levels sollen die Schüler in der Lage sein, die Reiki-Symbole wirkungsvoll anzuwenden und Fernheilungen durchzuführen.

1. Wiederholung von Level 1

- **Fundamente wiederholen:**
  Besprechen Sie kurz die Konzepte und Techniken, die in Level 1 gelernt wurden.

2. Einweihung

- **Level-2-Einweihung:**
  Führen Sie die Einweihungszeremonie für Level 2 durch, die die Schüler befähigt, die Reiki-Symbole zu verwenden.
- **Erfahrungsaustausch:**
  Ermöglichen Sie den Schülern, ihre Erfahrungen und Einsichten nach der Einweihung zu teilen.

3. Reiki-Symbole

- **Einführung in die Symbole:**
  Stellen Sie die beiden Reiki-Symbole vor – **Sei He Ki** (Symbol für emotionale Heilung) und **Hon Sha Ze Sho Nen** (Symbol für Fernheilung).

- **Zeichnen und Anwendung:**
  Lehren Sie, wie jedes Symbol gezeichnet wird, und erklären Sie die spezifischen Anwendungen und Vorteile.

4. Mentale und emotionale Heilung

- **Sei He Ki:**
  Demonstrieren und üben Sie den Einsatz des Sei He Ki Symbols für mentale und emotionale Heilung.
- **Techniken:**
  Vermitteln Sie Methoden zur Behandlung spezifischer mentaler und emotionaler Themen.

5. Handpositionen

- **Andere behandeln:**
  Lehren Sie die Handpositionen für die Reiki-Behandlung an anderen Personen.

6. Fernheilung

- **Hon Sha Ze Sho Nen:**
  Demonstrieren und üben Sie die Anwendung des Hon Sha Ze Sho Nen Symbols für Fernheilung.
- **Methoden:**
  Lehren Sie verschiedene Methoden, Reiki aus der Ferne zu senden, z. B. Visualisierung oder die Verwendung eines Stellvertreters (Proxy).

7. Übungssitzungen

- **Fortgeschrittene Praxis:**
  Führen Sie Übungen durch, bei denen die Symbole für Selbstheilung, Behandlung anderer und Fernheilung verwendet werden.
- **Fallstudien:**
  Ermutigen Sie die Schüler, Fallstudien und Erfahrungen zu teilen, um das Lernen zu vertiefen.

8. Hausaufgaben und tägliche Praxis

- **Symbolpraxis:**
  Ermutigen Sie die Schüler, täglich die Symbole zu zeichnen und anzuwenden.
- **Fernheilungspraxis:**
  Schlagen Sie regelmäßige Fernheilungssitzungen zum Üben vor.

Reiki Level 3 unterrichten: Meisterlevel

Ziel: Die Schüler darauf vorbereiten, Reiki-Meister zu werden, damit sie selbst Reiki unterrichten und Einweihungen durchführen können. Dieses Level konzentriert sich auf die Meisterschaft der Reiki-Energie und spirituelles Wachstum.

1. Wiederholung von Level 1 und Level 2

- **Umfassende Wiederholung:**
  Wiederholen Sie alle Konzepte, Techniken und Symbole, die in den Levels 1 und 2 gelernt wurden.

2. Meister-Einweihung

- **Einweihungszeremonie für Meister:**
  Führen Sie die Meistereinweihung durch, welche die Schüler mit dem Meistersymbol und der Fähigkeit ausstattet, andere einzuweihen.
- **Erfahrungsaustausch:**
  Ermutigen Sie die Schüler, ihre Erfahrungen und Empfindungen nach der Einweihung zu teilen.

3. Meistersymbole

- **Einführung der Symbole:**
  Stellen Sie die Symbole **Raku**, **Dai Ko Myo** und **Weißes Licht** vor und erklären Sie deren Bedeutung und Anwendung.
- **Zeichnen und Anwendung:**
  Lehren Sie, wie die Symbole gezeichnet werden und wie sie in die Reiki-Praxis integriert werden können.

4. Fortgeschrittene Techniken

- **Heiltechniken:**
  Vermitteln Sie fortgeschrittene Heilmethoden wie Aurareinigung und Chakrenbalancierung.
- **Spirituelle Heilung:**
  Besprechen Sie die Rolle von Reiki im spirituellen Wachstum und in der persönlichen Bewusstseinsentwicklung.

5. Unterrichten und Einweihungen durchführen

- **Unterrichtsmethoden:**
  Geben Sie Anleitungen zum Aufbau eines Lehrplans, zur Unterrichtsgestaltung und zum Leiten einer Klasse.
- **Einweihungsprozess:**
  Lehren Sie den detaillierten Ablauf der Reiki-Einweihungen für jedes Level.
- **Praktische Erfahrung:**
  Lassen Sie die Schüler unter Aufsicht selbst Einweihungen durchführen.

6. Übungssitzungen

- **Meisterlevel-Praxis:**
  Führen Sie fortgeschrittene Übungssitzungen durch, wobei der Fokus auf den Meistersymbolen und den fortgeschrittenen Techniken liegt.
- **Lehrpraxis:**
  Ermöglichen Sie den Schülern, Teile des Unterrichts selbst zu unterrichten und Einweihungen zu üben.

7. Fortlaufende Unterstützung und Mentoring

- **Weiterführende Begleitung:**
  Bieten Sie neuen Reiki-Meistern kontinuierliche
  Unterstützung und Mentoring an, während sie
  beginnen zu unterrichten und einzuweihen.

8. Gemeinschaftsaufbau

- **Reiki-Gruppen:**
  Ermutigen Sie die Teilnehmer, an Reiki-Kreisen und in
  Reiki-Gemeinschaften teilzunehmen, um ihr
  Wachstum und ihre Fähigkeiten weiter zu vertiefen.

Das Unterrichten von Reiki Level 1-3 bedeutet, die Schüler
durch eine strukturierte Lern- und Praxiserfahrung zu führen.
Jedes Level baut auf dem vorherigen auf und vertieft ihr
Verständnis sowie ihre Verbindung zur Reiki-Energie.
Als Reiki-Meisterlehrer ist es Ihre Aufgabe, umfassende
Anleitung, Unterstützung und Ermächtigung zu bieten,
damit Ihre Schüler zu selbstbewussten und wirkungsvollen
Reiki-Praktizierenden und Reiki-Lehrern heranwachsen.

Unterrichtsrichtlinien für Reiki Level 3 Schüler

Als Reiki Level 3 Schüler (Shinpiden) bist du nun bereit, andere zu unterrichten und einzuweihen. Hier findest du die wichtigsten Richtlinien für die Organisation und Durchführung deiner Reiki-Kurse.

Werbung für deine Kurse

1. Wichtige Angaben:

◇ **Ort:** Gib den genauen Veranstaltungsort deiner Kurse an.
◇ **Datum und Uhrzeit:** Nenne die jeweiligen Termine und Zeiten der einzelnen Klassen.
◇ **Angebot:** Beschreibe, was du im Kurs anbietest (z. B. Reiki Level 1, 2 oder Meister).
◇ **Kontaktinformationen:** Füge deinen Namen und deine Telefonnummer für Anfragen und Anmeldungen hinzu.

2. Preis: Gib die Kursgebühren an.

Typische Dauer und Preisgestaltung:

Reiki Level 1 (Shoden):

1. **Dauer:** 3–4 Kurseinheiten, jeweils 3 Stunden.
2. **Preis:** 150,00 $

Reiki Level 2 (Okuden):

1. **Dauer:** 3–4 Kurseinheiten, jeweils 3 Stunden.

2. **Preis:** 200,00–250,00 $

Reiki Level 3 (Shinpiden) / Meisterlevel:

1. **Dauer:** 3–4 Kurseinheiten, jeweils 3 Stunden.
2. **Preis:** 500,00–1000,00 $

Vorbereitung der Materialien

1. Manuskripte / Unterlagen:

⋄ **Kopieren oder Drucken:** Bereite Handbücher für deine Schüler vor. Du kannst vorhandene Unterlagen kopieren oder neue drucken lassen.
⋄ **Formatoptionen:**
⋄ **Buch:** Gebundene Handbücher.
⋄ **Loseblattsammlung:** Für zusätzliche Notizen geeignet.
⋄ **Druck:** Professionell gedruckte Materialien für ein hochwertiges Erscheinungsbild.

2. Erfrischungen:

⋄ **Zitronensaft:** Für die Einweihung.
⋄ **Wasser:** Stelle deinen Schülern Getränke zur Verfügung, damit sie während des Unterrichts hydriert und energievoll bleiben.
⋄ **Becher:** Achte darauf, genügend Becher für alle Teilnehmer bereitzuhalten.

Durchführung deiner Reiki-Kurse

1. Vorbereitung des Unterrichtsraums

> ⋄ **Einen heiligen Raum schaffen:** Sorge dafür, dass der Unterrichtsraum ruhig, sauber und energetisch geklärt ist. Verwende Kerzen, Räucherwerk oder beruhigende Musik, um die Atmosphäre zu unterstützen.
> ⋄ **Sitzordnung:** Arrangiere die Sitzplätze so, dass Interaktion möglich ist und alle Teilnehmer gut sehen können.

2. Aufbau der Unterrichtseinheit

> ⋄ **Einführung:** Beginne jede Klasse mit einer Einführung, in der du die Ziele und den Ablauf der Sitzung erklärst.
> ⋄ **Unterricht und Demonstration:** Erkläre die theoretischen Inhalte, zeige die Techniken vor und ermutige zu praktischen Übungen.
> ⋄ **Fragerunden:** Plane Zeit für Fragen ein, damit Unklarheiten geklärt werden können.
> ⋄ **Praxis:** Gib den Schülern ausreichend Gelegenheit, die Techniken an sich selbst und an anderen zu üben.

3. Einweihungen (Attunements)

> ⋄ **Durchführung der Einweihungen:** Führe für jedes Level die entsprechenden Einweihungen durch und stelle sicher, dass jeder Schüler korrekt an die Reiki-Energie angebunden wird.
> ⋄ **Austausch von Erfahrungen:** Ermutige die

Teilnehmer, nach der Einweihung ihre Eindrücke und Gefühle mitzuteilen.

4. Abschluss der Klasse

⋄ **Rückblick und Reflexion:** Fasse die wichtigsten Punkte der Unterrichtseinheit zusammen und gib persönliches Feedback.
⋄ **Hausaufgaben:** Gib den Teilnehmern Übungsaufgaben oder Reflexionsaufträge mit, um das Gelernte zu vertiefen.
⋄ **Zertifikate ausgeben:** Überreiche Teilnahme- oder Abschlusszertifikate an Schüler, die den Kurs erfolgreich abgeschlossen haben.

Zusätzliche Tipps

1. Klare Kommunikation

⋄ Halte die Kommunikation mit deinen Schülern klar und offen.
⋄ Gib ihnen deine Kontaktinformationen, damit sie sich bei Fragen oder für weitere Unterstützung jederzeit an dich wenden können.

2. Laufende Unterstützung

⋄ Biete deinen Schülern auch nach dem Kurs weiterhin Unterstützung und Mentoring an.
⋄ Ermutige sie, an Reiki-Kreisen oder Übungsgruppen teilzunehmen, um ihre Entwicklung und ihr Lernen fortzusetzen.

3. Kontinuierliches Lernen

⋄ Bleibe über die neuesten Reiki-Praktiken und Techniken informiert.
⋄ Entwickle deine eigenen Fähigkeiten und dein Wissen kontinuierlich weiter, um die bestmögliche Lernerfahrung für deine Schüler zu gewährleisten.

Indem du diese Richtlinien befolgst, kannst du deine Reiki-Kurse effektiv organisieren, bewerben und durchführen und deinen Schülern eine wertvolle und bereichernde Erfahrung bieten.

Einweihungs-Prozedur für jede Reiki-Stufe

Attunements / Einweihungen

1. Einführung in den Kurs

⋄ Stelle den Kurs vor und erkläre, was die Schüler während der Sitzung erwarten können.

2. Einleitung der Einweihung

⋄ **Anrufung:**
⋄ Meditiere und rufe deinen eigenen Reiki-Meister im Geist herbei, um dich während des Einweihungsprozesses zu unterstützen.

3. Öffnen der Chakren

Kronenchakra

⋄ **Position:** Hinter dem Schüler stehen.
⋄ **Aktion:** Öffne das Kronenchakra des Schülers mithilfe des Meistersymbols und zeichne das Raku-Symbol.
⋄ **Visualisierung:** Stelle dir vor, dass die Reiki-Energie in alle Bereiche einströmt.

4. Symbole

Kronenchakra

- ⋄ **Position:** Hinter dem Schüler.
- ⋄ **Aktion:** Öffne das Kronenchakra des Schülers.
- ⋄ **Symbole je nach Level:**
- ⋄ **Level 1:** Zeichne das Cho-Ku-Rei-Symbol.
- ⋄ **Level 2:** Zeichne das Sei-He-Ki-Symbol.
- ⋄ **Meisterlevel:** Zeichne das Raku-Symbol.

Herzchakra

- ⋄ **Position:** Vor den Schüler treten.
- ⋄ **Aktion:** Öffne das Herzchakra des Schülers.
- ⋄ **Symbole je nach Level:**
- ⋄ **Level 1:** Cho Ku Rei
- ⋄ **Level 2:** Sei He Ki
- ⋄ **Meisterlevel:** Raku

Handchakren

- ⋄ **Position:** Vor dem Schüler.
- ⋄ **Aktion:** Öffne die Handchakren des Schülers.
- ⋄ **Symbole je nach Level:**
- ⋄ **Level 1:** Cho Ku Rei
- ⋄ **Level 2:** Sei He Ki
- ⋄ **Meisterlevel:** Raku

5. Handposition

⋄ Führe die Hände des Schülers in die Gebetshaltung zusammen.

Atem- und Energieverbindung

⋄ **Nierenatem:** Du und der Schüler führen beide den Nierenatem durch, während ihr die Hui-Yin-Position haltet.

6. Schließen der Chakren

Kronenchakra

⋄ **Position:** Wieder hinter dem Schüler stehen.
⋄ **Aktion:** Schließe das Kronenchakra des Schülers mit dem Meistersymbol.

7. Abschluss der Meditation

⋄ Beende die Meditation und stelle sicher, dass sowohl du als auch der Schüler gut geerdet und zentriert seid.

8. Wasserritual

⋄ Führe ein Wasserritual durch, um die Einweihung energetisch zu reinigen und zu versiegeln.

9. Gesprächsrunde

⋄ Sprich über die Erfahrungen während der Meditation und ermögliche dem Schüler, seine Eindrücke und Einsichten mitzuteilen.

Kursabschluss

Beende den Kurs mit allen verbleibenden Informationen und beantworte letzte Fragen oder Kommentare der Schüler.

Hinweis

Das Befolgen dieser Einweihungsprozedur für jede Reiki-Stufe stellt sicher, dass die Schüler korrekt auf die Reiki-Energie eingestimmt werden und Reiki effektiv für sich selbst und andere kanalisieren können.

Reiki-Zertifikatsbeispiele

Das Ausstellen von Zertifikaten ist ein wesentlicher Bestandteil der Reiki-Ausbildung. Sie bestätigen die abgeschlossene Schulung, würdigen die Leistungen der Teilnehmer und sichern den professionellen Standard der Reiki-Praxis. Nachfolgend finden Sie eine ausführliche Anleitung zu den verschiedenen Zertifikatstypen, den Anforderungen sowie den besten Vorgehensweisen für jede Reiki-Stufe.

Arten von Zertifikaten

1. Abschlusszertifikate

⋄ Werden verliehen, wenn die Schüler *alle* Anforderungen des Kurses erfolgreich erfüllt haben.
⋄ Diese Zertifikate berechtigen die Schüler dazu, **Reiki beruflich auszuüben, für ihre Dienstleistungen ein Honorar zu verlangen** und **eine Gewerbeerlaubnis** (je nach Land oder Region) zu beantragen.
⋄ **Siegel und Stempel:** Viele Reiki-Meister verwenden ein geprägtes Siegel und/oder einen offiziellen Stempel, um dem Zertifikat ein professionelles und authentisches Erscheinungsbild zu verleihen.

Voraussetzungen für Abschlusszertifikate

1. Abgeschlossene Unterrichtseinheiten

⋄ Der Schüler muss an allen geplanten Unterrichtseinheiten für die jeweilige Reiki-Stufe

(Level 1, Level 2 oder Meisterstufe) teilnehmen und
diese vollständig abschließen.

2. Prüfungen und Bewertungen

◇ **Schriftliche Prüfung:** Bewertet das Verständnis des
Schülers in Bezug auf:
– Reiki-Prinzipien
– Techniken
– Symbole
– Ethik und professionelle Standards

◇ **Praktische Prüfung:** Überprüft die Fähigkeit des
Schülers,
– vollständige Reiki-Sitzungen durchzuführen
– Symbole korrekt und sicher anzuwenden
– richtige Handpositionen zu zeigen
– während der gesamten Sitzung energetische
Integrität zu bewahren

3. Fallstudien und Hausaufgaben

◇ Die Schüler müssen abgeschlossene Fallstudien
einreichen – dokumentierte Reiki-Sitzungen, die sie
an anderen durchgeführt haben – um Verständnis,
Sensibilität und praktische Fähigkeiten nachzuweisen.
◇ Hausaufgaben vertiefen das Lernen, fördern tägliche
Praxis und stärken das Vertrauen der Schüler in ihre
Reiki-Fähigkeiten.

Ausstellung der Zertifikate

1. Vorbereitung

⬥ **Gestaltung:** Erstellen Sie ein professionelles Zertifikat, das Folgendes beinhaltet:
- Vollständiger Name des Schülers
- Reiki-Kursstufe (z. B. Reiki Level 1, Reiki Level 2, Reiki Meisterstufe)
- Abschlussdatum
- Gedruckter Name und Unterschrift des Reiki-Meisterlehrers
- Optional: Name der Schule oder des Unternehmens
- Optional: Geprägtes Siegel und/oder Stempel für mehr Glaubwürdigkeit

⬥ **Papierqualität:**
Verwenden Sie hochwertiges Karton- oder Zertifikatspapier, um ein ansprechendes und langlebiges Ergebnis zu erzielen.

2. Übergabe

⬥ Überreichen Sie das **Abschlusszertifikat** am Ende des Kurses, nachdem alle Anforderungen erfüllt wurden.
⬥ Erklären Sie den Schülern, dass dieses Zertifikat:
- ihre Kompetenz bestätigt
- ihnen erlaubt, Reiki beruflich auszuüben
- ein wichtiger Schritt in ihrer persönlichen und spirituellen Entwicklung ist

Beispieltext für Zertifikate

Abschlusszertifikat

Option 1 – Klassisch & Formell

ZERTIFIKAT ÜBER DEN ABSCHLUSS

Hiermit wird bestätigt, dass
[Name des Schülers]

den Kurs
Reiki [Level 1 / Level 2 / Meistergrad]
erfolgreich abgeschlossen hat.

Dieses Zertifikat bestätigt, dass der oben genannte Schüler alle erforderlichen theoretischen und praktischen Anforderungen erfüllt hat und befähigt ist, Reiki gemäß den erlernten Techniken und ethischen Richtlinien sicher anzuwenden.

Ausgestellt am: **[Datum]**
Von: **[Name des Reiki-Meisters / der Reiki-Meisterin]**
Unterschrift: _____

(Siegel / Stempel)

Option 2 – Spirituell & Feierlich

REIKI-ABSCHLUSSZERTIFIKAT

Im Einklang mit der universellen Lebensenergie wird hiermit
bestätigt, dass
[Name des Schülers]

den Unterricht in
Reiki [Level 1 / Level 2 / Meistergrad]
mit Hingabe, Bewusstsein und Erfolg absolviert hat.

Der Schüler ist nun befähigt, Reiki für persönliche,
emotionale, mentale und spirituelle Heilungsprozesse
anzuwenden und die Prinzipien des Reiki in sein tägliches
Leben zu integrieren.

Datum: **[Datum]**
Unterrichtet und besiegelt von:
[Name des Reiki-Meisters / der Reiki-Lehrerin]

Unterschrift: _____
(Siegel / Stempel)

Option 3 – Professionell & Modern (für offizielle Lizenzierung geeignet)

ABSCHLUSSZERTIFIKAT

Dieses Zertifikat bestätigt, dass
[Name des Schülers]

den Ausbildungslehrgang
Reiki [Stufe 1 / Stufe 2 / Meisterstufe]
inklusive praktischer Prüfungen, theoretischer Tests und
dokumentierter Fallstudien
erfolgreich abgeschlossen hat.

Der Absolvent ist nun berechtigt, Reiki professionell
auszuüben und Dienstleistungen gemäß den geltenden
ethischen Richtlinien anzubieten.

Ausgestellt am: **[Datum]**
Durch: **[Name des Reiki-Meisters / Ausbildungsinstituts]**

Unterschrift: _____
(Siegel / Stempel)

Level 1

In English

Auf Deutsch

Level 2

In recognition of completing the course

Reiki Level 2
Practitioner

This certificate is awarded to:

Student's Name

Signature   Date

Reiki Master

In Anerkennung des Abschlusses des Kurses

Reiki zeuei
Praktizierende

Dieses Zertifikat wird verliehen an:

Name des Schülers /
der Schülerin

Unterschrift   Datum

Reiki-Meister / Reiki-Meisterin

Level 3

Zusätzliche Hinweise

1. **Klare Kommunikation:**
   ⋄ Erklären Sie Ihren Schülern vor Kursbeginn deutlich den Unterschied zwischen Abschlusszertifikaten und Teilnahmezertifikaten.
   ⋄ Stellen Sie sicher, dass sie die Anforderungen zum Erhalt eines Abschlusszertifikats verstehen.

2. **Dokumentation:**
   ⋄ Führen Sie genaue Aufzeichnungen über alle ausgestellten Zertifikate, einschließlich der Namen der Schüler, der Daten und der Art der vergebenen Zertifikate.
   ⋄ Dies hilft dabei, Qualifikationen bei Bedarf zu einem späteren Zeitpunkt zu bestätigen.

3. **Ermutigung:**
   ⋄ Ermutigen Sie Schüler, die ein Teilnahmezertifikat erhalten, ihre Ausbildung und Praxis fortzusetzen, um in Zukunft ein Abschlusszertifikat zu erlangen.

Bibliographie

Reiki – Grundlagen, Geschichte und Meisterschaft

Usui, Mikao.
Das Usui Reiki-Handbuch des Heilens.
Windpferd Verlag, deutsche Ausgabe.

Petter, Frank Arjava.
Das Reiki-Feuer: Die Originallehren des Begründers Mikao Usui.
Windpferd Verlag.

Lübeck, Walter.
Reiki – Der Weg zur Heilung.
Windpferd Verlag.

Lange, Torsten A.
Reiki – Der umfassende Ratgeber.
Arkana Verlag.

Müller, Brigitte.
Reiki – Die universelle Lebensenergie.
Windpferd Verlag.

Chakren, Energiearbeit und Spirituelle Entwicklung

Judith, Anodea.
Die Kraft der Chakras: Entdecke Deine Energiezentren.
Ansata Verlag.

Myss, Caroline.
Anatomie der Seele: Die sieben Stufen der Macht und Heilung.
Goldmann Verlag.

Yogananda, Paramahansa.
Autobiographie eines Yogi.
Rowohlt Verlag.

Meditation, Bewusstsein und Achtsamkeit

Nhat Hanh, Thich.
Das Wunder der Achtsamkeit.
Herder Verlag.

Tolle, Eckhart.
Jetzt! Die Kraft der Gegenwart.
Kamphausen Verlag.

Spirituelle Psychologie und Energieverständnis

Dethlefsen, Thorwald & Dahlke, Rüdiger.
Krankheit als Weg.
Goldmann Verlag.

Dahlke, Rüdiger.
Chakren: Die sieben Bewusstseinsstufen des Menschen.
Goldmann Verlag.

In English

Much of this information was taken from the course information created when I owned the Canadian Institute of Natural Health and Healing Accredited College.

Quantum University www.quantumuniversity.com

Artwork – www.canva.com

Associations – https://iarp.org/history-of-Reiki/

A Suggested Reading List

There are many books available to further your learning on the topics covered in this course; those listed here are some suggestions:

Ascended Masters

King, Godfrey Ray

Unveiled Mysteries (Saint Germain Series; Vol.1).

1989 The Magic Presence (Saint Germain Series; Vol. 2).

Sandweiss, Samuel H.

    1975   Sai Baba: The Holy Man and the Psychiatrist. San Diego, California: Birth Day Publishing Company

Stone, Joshua David

    1995   Ascended Masters Light the Way. Sedona, Arizona: Light Technology.   Publications.

Aura and Psychometry

Brennan, Barbara

    1988   Hands of Light: a Guide to Healing Through the Human Energy Field. Bantam Books.

Chakras

Arguelles, Jose

    1987   The Mayan Factor: Path Beyond Technology.

Beinfield, Harriet and Korngold, Efrem

    1991   A Guide to Chinese Medicine. New York: Ballantine Books.

Castaneda, Carlos

    1974   Tales of Power. New York, New York: Pocket Books

Energy Healing

Brennan, Barbara Ann

    1987   Hands of Light. New York, New York:

Bantam Books.

Guides

Altea, Rosemary

> 1995   The Eagle and the Rose. New York, New York: Warner Books Inc.

Eadie, Betty J.

> 1992   Embraced By The Light. New York: Bantam Books.

> 1996   The Awakening Heart. New York, New York: Pocket Books.

Guggenheim, Bill

> 1995   Hello From Heaven. New York: Bantam

Books.

Van Praagh, James

> 1997   Talking to Heaven. New York, New York: Penguin Group

Healing

Steiger, Brad

> 1971   Kahuna Magic. Westchester, Pennsylvania: Whitford Press.

Gienger, Michael

> 2004 Crystal Power, Crystal Healing. London, U.K.: Blandford

Hay, Louise L.

> 1988   Heal Your Body. Carlsbad, California: Hay House, Incorporated.

Pendulums

Graves, Tom

> 1989   The Elements of Pendulum Dowsing. Shaftesbury, Dorset: Element Books.

Lubek, Walter

> 1998   Pendulum Healing Handbook. Twin Lakes, Wisconsin: Lotus Light Publications.

Religion

> The Bible – several versions available.

Baigent, Michael; Leigh, Richard and Lincoln, Henry

> 2005 Holy Blood, Holy Grail Illustrated Edition: The Secret History of Jesus, the Shocking Legacy of the Grail. Delacorte Press.

Brown, Dan

> 2003 The Da Vinci Code. New York, New York: Doubleday

Gardner, Laurence

> 2002 Blood Line of the Holy Grail: The Hidden Legacy of Jesus Revealed. Fair Winds Press.

Symbols

Chetwynd, Tom

  1982   Dictionary of Symbols. London, Paladin
  Books: Harper Collins.

Summer Rains, Mary and Greystone, Alex

  1996   Guide to Dream Symbols. Charlottesville,
  Virginia: Harper Roads Publishing Company.

Reiki

Stein, Diane

  1995   Essential Reiki, A Complete Guide To An
  Ancient Healing Art. Freedom, CA, The Crossing
  Press Inc.

Barnett, Libby and Chambers, Maggie

  1996   Reiki Energy Medicine. Rochester Vermont,
  Healing Arts Press

Foreword by Rand William Lee

  1999   The Original Reiki Handbook of Dr. Mikao
  Usui. Shangri-La, Lotus Press

Honervogt, Tanmaya

  1998   The Power of Reiki. New York, New York,
  Henry Holt and Company Inc.

General

Becker, Dr. Robert O. and Gary Selden

  1985   The Body Electric. New York: Quill, William

Morrow.

Cameron, Julia

    1992   The Artist's Way. New York, New York: Jeremy P. Tarcher/Putnam.

Davidson, Gustav

    1967   Dictionary of Angels. New York, New York: The Free Press.

Emoto, Masaru

    2004 The Hidden Messages in Water. Hillsboro, Oregon: Beyond Words Publications.

Kroeger, Hanna

> 1973   The Pendulum, The Bible and Your Survival.
> Hanna Kroeger Publications.

Morgan, Marlo

> 1991   Mutant Message Down Under. New York,
> New York: Harper Collins.

Redfield, James

> 1993   The Celestine Prophecy. New York, New York:
> Warner Books Inc.

Walsch, Neale Donald

> 1996   Conversations With God. New York, New
> York: G.P. Putnam & Sons.

Textbook
> Prescription for Nutritional Healing
> ISBN 7-35918-33077-1

Suggested Internet Resources

There are literally millions of sites on the internet. You may do a "search" to get a list of sites that contain your keywords. Only by visiting them will you be able to determine which are helpful to you. Don't forget that from one site, you can often be directed to related sites.

What follows is simply a sample of Internet Resources. You are encouraged to extend your search to topics of interest to you.

Aura

http://www.bioenergyfields.org/index.asp?secid=3&subsecid=0

Chakras

https://www.curativesoul.com/Chakras#.XrBe4qhKgdU

https://www.learning-mind.com/7-Chakras-issues/

https://chopra.com/articles/what-is-a-Chakra

https://Chakrasincense.com/
https://diannetrussell.com/energy/articles-2/truth-about-colour/

World Religions

https://www.history.com/topics/religion/bible

http://www.mnsu.edu/emuseum/cultural/religion/

http://www.religion-cults.com/

http://en.wikipedia.org/wiki/Major_world_religions

- Islam
  http://images.google.ca/images?svnum=10&hl=en&lr
  =&q=islam+symbol&btnG=Search

- Christianity
  http://images.google.ca/images?svnum=10&hl=en&lr=&q=ch
  ristianity+symbol&btnG=Search

- Hinduism
  http://images.google.ca/images?q=Hinduism+symbol&ndsp=
  20&svnum=10&hl=en&lr=&start=60&sa=N

  http://www.mnsu.edu/emuseum/cultural/religion/hinduism
  /beliefs.html

- Buddhism
  http://www.mnsu.edu/emuseum/cultural/religion/buddhis
  m/beliefs.html

- Judaism
  http://images.google.ca/images?q=judaism+symbols&ndsp=2
  0&svnum=10&hl=en&lr=&start=40&sa=N

- Traditional Chinese
  http://images.google.ca/images?q=Tao+symbols&ndsp=20&s
  vnum=10&hl=en&lr=&start=80&sa=N

- Bahai faith
  http://images.google.ca/images?svnum=10&hl=en&lr=&q=ba
  hai+faith+symbol&btnG=Search

https://en.wikipedia.org/wiki/Sanskrit

https://www.ancient.eu/Sanskrit/

Ascended Masters

http://www.dci.dk/en/mtrl/saibabaeng.html

http://www.srisathyasai.org.in/Pages/SriSathyaSaiBaba/Introduction.htm

http://www.greatdreams.com/masters/ascended-masters.htm

http://en.wikipedia.org/wiki/Ascended_master#Examples_of_ascended_masters

http://www.theascendedmasters.com/

http://en.wikipedia.org/wiki/Count_of_St_Germain

Kirlian Photography

http://images.google.ca/images?svnum=10&hl=en&lr=&q=kirlian+photography&btnG=Search

Misc. Info

http://www.zeitgeistmovie.com/Zietgeist

https://www.goodreads.com/book/similar/130686-the-holy-blood-and-the-holy-grail

Tuning Forks

www.Luminati.com
www.somaenergetics.com

https://www.allbodycare.com/tuning-fork-therapy-sound-healing/

https://medium.com/meducated-org/how-to-heal-your-body-by-using-the-frequency-of-life-9307af550fbb

Suggested Video Resources

The film industry has released many movies depicting metaphysical beliefs and phenomena; just a few are listed here. While they are fantasy, they may improve your understanding of topics addressed in this course.

1999　What Dreams May Come　Directed by Vincent Ward

1999　The Sixth Sense　Directed by M. Night Shayamalan

1999　The Matrix　Directed by Andy Wachowski and Larry Wachowski

1999　Ninth Gate　Directed by Roman Polanski

1999　Patch Adams　Directed by Tom Shadyac

1996　Michael　Directed by Nora Ephron

1996　Phenomenon　Directed by John Turtletaub

1991　Stigmata　Directed by Rupert Wainright

1990　Ghost　Directed by Jerry Zucker

Botschaft der Autorin

Bis heute ist Reiki für mich immer noch ein Mysterium. Ich bin jeden Tag aufs Neue erstaunt über die Kraft dieser Lebensenergie – so kraftvoll und doch so sanft!

Der alte Spruch *„Wunder hören nie auf, mich zu erstaunen"*, der verwendet wird, wenn etwas Ungewöhnliches oder Unerwartetes geschieht, passt perfekt zu dieser Heilmethode. Man wird niemals müde, die Wunder zu erleben, die sich vor den eigenen Augen entfalten.

Wandel geschieht… Erschaffe Magie!

Dr. Constance

Constance Santego

Träume GRÖSSER!

Dr. Constance Santego ist eine hoch angesehene Expertin auf dem Gebiet der ganzheitlichen Gesundheit und spirituellen Heilung. Sie trägt den Titel einer Großmeisterin des Reiki und hat durch über zwanzig Jahre Erfahrung in der Unterrichtung dieser Fachgebiete ein tiefes Verständnis für die Wechselwirkungen von Geist, Körper und Seele in Bezug auf ganzheitliches Wohlbefinden entwickelt.

Dr. Santego besitzt einen Ph.D. sowie einen Doktortitel in Naturmedizin, was ihr ein umfassendes Verständnis alternativer Heilmethoden und deren Anwendung zur Förderung optimaler Gesundheit vermittelt hat. Ihr akademischer Hintergrund befähigt sie dazu, Gesundheitsprobleme ganzheitlich zu betrachten und sowohl die körperlichen, emotionalen als auch spirituellen Aspekte des menschlichen Wohlbefindens einzubeziehen.

Im Verlauf ihrer Karriere hat sich Dr. Santego der Weitergabe ihres Wissens sowie der Befähigung anderer verschrieben, selbst Verantwortung für ihre Gesundheit und Heilung zu übernehmen. Sie verfügt über die einzigartige Fähigkeit, wissenschaftliche Forschung und traditionelle Weisheit zu verbinden und somit eine Brücke zwischen konventioneller und alternativer Medizin zu schlagen.

In ihrer Bildungsreihe *Secrets of a Healer* schöpft Dr. Santego aus ihrem umfangreichen Erfahrungsschatz und ihrer Expertise, um Leserinnen und Leser mit ihren Erkenntnissen und Lehrinhalten zu fesseln. Sie nimmt sie mit auf eine transformative Reise in die Bereiche der ganzheitlichen Gesundheit, Spiritualität und Selbsterkenntnis. Durch ihre Schriften möchte sie Menschen dazu inspirieren, ihre eigenen innewohnenden Heilkräfte zu nutzen und einen ausgewogenen, harmonischen Ansatz für ihr Wohlbefinden zu verfolgen.

Die Arbeit von Dr. Santego hat das Leben vieler Menschen berührt und sie zu einem tiefgreifenderen Verständnis ihrer selbst und ihrer Verbindung zur Welt um sie herum geführt. Ihre Reihe ist ein Leuchtturm der Weisheit und bietet praktische Werkzeuge und Techniken für persönliches Wachstum und innere Transformation.

Insgesamt machen Dr. Constance Santegos Wissen, Erfahrung und Leidenschaft sie zu einer herausragenden Persönlichkeit in der ganzheitlichen Gesundheits- und spirituellen Heilpraxis. Ihre Beiträge durch Unterricht, Schreiben und ihre fesselnde Buchreihe inspirieren und stärken weiterhin Menschen auf ihrem Weg zu Wohlbefinden und Selbsterkenntnis.

AUCH ERHÄLTLICH

Für weitere Informationen über
Constance Santegos
umfangreiches Angebot an Motivationsprodukten,
Coaching-Sitzungen, spirituellen Retreats,
Live-Events und Ausbildungsprogrammen
besuche:

www.ConstanceSantego.ca

Folge auf Instagram: **Constance_Santego**
und auf Facebook: **constancesantegoo**

Abonniere meinen YouTube-Kanal **Constance Santego**
und erhalte kostenlose Informationen und Meditationen.